骨头迷宫奇遇记

[LOCOMOTOR SYSTEM/运动系统]

豆麦麦 / 著　立米 / 绘

陕西新华出版传媒集团
陕西科学技术出版社

图书在版编目(CIP)数据

骨头迷宫奇遇记:运动系统/豆麦麦著. —西安:陕西科学技术出版社, 2015.3 (2020.8重印)

ISBN 978-7-5369-6385-6

Ⅰ. ①骨… Ⅱ. ①豆… Ⅲ. ①人体运动—人体科学—青少年读物 Ⅳ. ①G804-49

中国版本图书馆CIP数据核字(2015)第037611号

骨头迷宫奇遇记(运动系统)

出版者	陕西新华出版传媒集团　陕西科学技术出版社 西安市北大街131号　邮编 710003 电话(029)87211894　传真(029)87218236 http://www.snstp.com
发行者	陕西新华出版传媒集团　陕西科学技术出版社 电话(029)87212206　87260001
印　刷	华睿林(天津)印刷有限公司
规　格	720mm×1000mm　16开本
印　张	10印张
字　数	54千字
版　次	2015年5月第1版 2020年8月第2次印刷
书　号	ISBN 978-7-5369-6385-6
定　价	23.80元

CONTENT ABSTRACT

内容简介

毛小逗、麦麦罗、安千儿三人在学校组织的一次野外生存训练营大考验中意外地走失，误入巨人族生存的“时间空间”。

在“时间空间”里，三人遇到了巨人克洛奇，在巨人克洛奇的眼中，三个孩子显得非常渺小。

巨人克洛奇躯体庞大。由于庞大的身躯需要极大的能量才能维持其基本生存，因此，巨人克洛奇使用两大方式维持生命：一是不断地寻找食物，以供身体能量的需求；二是减少活动，常常嗜睡。

由于生存环境的恶化，巨人族的食物越来越少，他们开始靠寻觅一些树叶、杂草来维生。毛小逗、麦麦罗、安千儿进入“时间空间”，跌落神秘之地后，身上沾满了树叶、杂草，正巧遇到了正在寻觅食物的克洛奇，便随着树叶、杂草被克洛奇吞入腹中。

由此，三人来到了另一个“生存空间”——巨人克洛奇的躯体内，并在这个生存空间里开始了一次神奇的人体探索之旅！

毛小逗：毛小逗的爸爸是一位生物学家，受爸爸的熏陶，毛小逗自幼热爱科学，和别的孩子一样对任何事物都充满好奇与疑问。他不但热爱科学，还喜欢冒险。

THE MAIN CHARACTER

主角

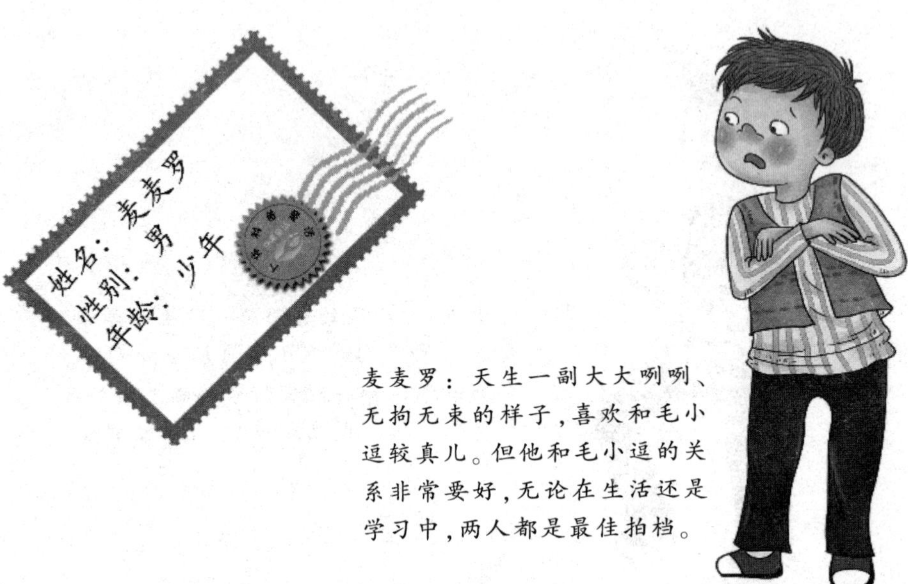

麦麦罗：天生一副大大咧咧、无拘无束的样子，喜欢和毛小逗较真儿。但他和毛小逗的关系非常要好，无论在生活还是学习中，两人都是最佳拍档。

安千儿：一位心思细腻、聪明可爱的小女生。每当毛小逗和麦麦罗因为一点儿事情较真儿到不可开交的时候，总是安千儿想办法调解。

CATALOG

目 录

CATALOG

目录

第1章

误入迷宫

误入迷宫

“啊，这是哪里啊？”麦麦罗不好意思地看着身边的两个小伙伴，“我，我知道错了。”

“都说了不让你乱跑，你不听，我们在后面追都追不上。”安千儿看着麦麦罗真想揍他一顿，“你看看，你看看，现在被困在这个鬼地方，这是哪里我们都不知道。”

“我，我都说了不是故意的了。”麦麦罗边说边把身子靠向毛小逗，“安千儿现在说话越来越像我老妈了。你说曾经善解人意的小千儿哪儿去了呢？”

“嗯，”毛小逗略一思索说了句，“这就印证了一句话：岁月是把杀猪刀。”

“哈哈，哈哈。”麦麦罗边笑边竖起大拇指，“真佩服你，不愧是天才搭档，我佩服得五体投地。”

“毛小逗！”安千儿看着笑成一团的两个人脸都黑了，“我还以为你在想我们要怎么走过去呢，没想到你竟然连同麦麦罗这个混蛋一起开玩笑。太过分了你们！”

“我啊，”毛小逗一本正经地看着安千儿，“我在想啊，真的在想啊。”

“所以呢，你想到了什么？”安千儿不依不饶地看着毛小逗。

“这个嘛，这个嘛，”毛小逗看看在一边偷笑的麦麦罗然后说，“我想到了麦麦罗同学做得确实不对，他怎么能说你说话像他老妈呢？太过分了。”

“喂，毛小逗……”听到毛小逗这样说，麦麦罗有些不悦：也不能为了讨好安千儿就这样说自己啊。

“就是，还是毛小逗同学好。”安千儿脸上终于有了点笑容。

“要我说啊，你刚才的样子其实是麦麦罗他老妈和我老妈的综合语调。”毛小逗说着自己都笑了，“哎呦，那语调真的很像。我刚才就在思索着那语气、那神态，怎么就那么熟悉呢？”

“哈哈哈，毛小逗啊毛小逗，以前是我低看你了。”麦麦罗笑得肚子疼，“你怎么这么可爱呢？”

“不理你们两个了，都是大坏蛋！”安千儿这次真的生气了，扭了脸不理那两个人。

“你才发现我可爱啊。”毛小逗斜眼看着麦麦罗，“你反应真够迟钝的。”

“是，是，我有眼不识泰山，我不该把我亲爱的搭档毛小逗想象成书呆子，我该打。”麦麦罗边说边轻轻在自己身上拍了两下，“怎么样啊，搭档？”

“你反应迟钝，我从认识你第一天起就知

道了。”毛小逗故意顿了一下，在成功地吸引了麦麦罗以及安千儿的注意后咳嗽了一下，“我就知道，你不是什么好东西。”

“喂，我怎么不是好东西了？”麦麦罗没想到毛小逗会那样说自己。

“嗯，是，我有眼不识泰山，你是东西。”毛小逗这句话刚说完，安千儿就“噗嗤”笑出声来，也忘了自己正在生气，才说过不理那两个家伙呢。

“我不是东西！”麦麦罗提高了声音刚说完，看着笑得蹲在地上的两个人才明白自己又说错话了。

“嗯，你真不是东西，我证明。”安千儿也接话道。

“作为你的搭档，我也证明，你真不是东西。”毛小逗赶紧拍了拍麦麦罗的肩膀。

“喂，你们……”麦麦罗脸一扭，学着安千儿的样子，“我也不理你们。哼！”

“不理就不理。”毛小逗边说边对着安千

儿挤眼睛,“我们看看这边有什么好玩的。”

“哼,有什么大不了的,我自己玩。”麦麦罗故意不去看身后的两个人,随即狠狠地在地上跺了几下,“我自己玩。”

第2章

神秘的大家伙——头骨

“哟，淘气的小孩子啊。”在三个小家伙各自闹别扭的时候，突然从远处传来了咔嚓咔嚓、啪啦啪啦的嘈杂声。

“你别吓唬我了，少在这儿装神弄鬼。”麦麦罗回头看着同样有点惊讶的毛小逗愤愤地说，其实在看到毛小逗的表情时麦麦罗就有点犹豫了，“毛小逗，刚才，刚才是你，对不对？”

麦麦罗紧紧盯着毛小逗的脸，试图从他脸上找到什么不一样的表情，可是毛小逗脸上除了惊讶和害怕之外，再找不到任何一种表情，比如恶作剧后成功的笑容。良久，麦麦罗看见毛小逗摇了摇头。那就是说刚才说话的既不是毛小逗，也不是安千儿，当然更不可能是自己。麦麦罗有点后怕地跑到毛小逗身后看着周围的一切。

“是谁？”安千儿仔细看了看周围，确定麦麦罗和毛小逗没和自己开玩笑。就在她迟疑的瞬间，远处又传来了咔嚓咔嚓、啪啦啪啦的嘈杂声。在这一连串的声音中那个近乎神秘的声音再次响起：“小家伙们，欢迎你们。”

“不是我！”麦麦罗看着安千儿有点疑惑的样子，耸了耸肩表示真的不是他，“我没和你们开玩笑，我发誓。”

“啊——”直到这个时候，安千儿才想起来抓着毛小逗和麦麦罗开始尖叫。她很害怕，这一点很容易就可以看出来。

“我知道不是你。”毛小逗这几个字说出口时连他自己都怀疑这是不是自己的声音，因为那几个字明明有些颤抖，也有些胆怯。

“喂，你，你是谁？”麦麦罗壮着胆子朝声音的来源喊道，“别，别装神弄鬼。你，你出来。”

就在三个小伙伴发愣的时候，神秘的声音再次响起，伴随着的依旧还有咔嚓咔嚓、啪啦啪啦的嘈杂声："我就在你们旁边啊，小家伙们。"

什么，在旁边？三个小伙伴面面相觑，怎么可能？这里除了他们三个再没有别人了啊。

"你说，会不会是魔鬼？"麦麦罗把目光移到毛小逗身上。

毛小逗沉默了好长时间，然后摇摇头："肯定不会是。哪有什么魔鬼啊，都是自己吓自己。"

"哎，"伴随着咔嚓咔嚓、啪啦啪啦的嘈杂声，神秘的声音又一次响起来，"还没看到我啊。哎，别，别再敲了……"

麦麦罗不过是随手敲了敲身边的东西，却在听到神秘声音的最后一句话时吓了一大跳。他赶紧缩回手，并且努嘴让毛小逗顺着自己手指的方向看过去："是，是这个东西在说话。"

“什么叫这个东西？”那种让三个小伙伴害怕的声音再一次响起来了，并且越来越大，仿佛周围所有的地方都是那种声音的来源，“小家伙们，别害怕，我是头骨。”

“头，头骨？”安千儿有点胆怯地朝毛小逗靠了靠，“那个，它不会是坏人的，对吧？”

“坏人？”头骨听到安千儿的话真的是哭笑不得。作为人体内一个至关重要的器官竟然被说成是坏人，难道还有比自己好的人吗？“哦，NO，不是人，是好器官，好吗？”

“我才不是坏人呢。”咔嚓咔嚓、啪啦啪啦的嘈杂声又响起了，但这次的声音里竟然有了些许撒娇的味道，这让麦麦罗起了一身的鸡皮疙瘩。

“那你是谁？”毛小逗壮着胆子最先开口了。他完全忘了，刚才那个被他们认为是坏人的家伙说过自己是头骨。

神秘的声音再次响起：“小家伙们，我说了，我是头骨。”三个人紧紧拽着彼此的手，眼睛盯着麦麦罗刚才指的方向：难不成真的是那个家伙在说话？

“欢迎你们进入骨头的世界。”每次那个神秘的声音传出来时，小伙伴们总要慌张地四处张望。他们越来越怀疑这个被称为头骨的家伙是个可怕的人，要不然怎么只听见说话不见人影，而且，那声音就像是从全身传过来的一样。

三个小伙伴往后退了退，试图离开这个地方。可是不管往哪个方向退，那个咔嚓咔嚓、啪啦啪啦的嘈杂声总能准确无误地传到他们耳朵里。他们仔细看了看周围，实在是没什么异常的——除了有个不知道是什么的东西在动以外。

“别往后退了，不管你们走到哪儿，都会看到我的兄弟们的。”神秘的声音里带着些许自豪。恰恰就是他的这些自豪，吓坏了三个小伙伴。

走到哪儿都可以看到……麦麦罗小心翼

翼地瞟了毛小逗一眼，低声说："这不是魔鬼还能是什么？"

毛小逗思忖着他的话，又往周围看了看。良久，他低声地说："他应该不会伤害我们的。"不过短短几个字而已，毛小逗却说得极其缓慢。

咔嚓咔嚓、啪啦啪啦的声音再次传来："小家伙们，都说了我是个好人。"

"好人？"麦麦罗又敲了敲刚才的地方，这次那个神秘的东西没有做任何反应。

"当然了！"咔嚓咔嚓的声音再次传来。虽然三个小伙伴都开始相信这个神秘的东西是个好家伙了，可是在听到这些声音时，心里还是多多少少有点儿害怕。

"嗯，你看，你那样敲我，我不是也没怎么捉弄你嘛。"此刻，那个神秘得有点儿可怕的声音再次开始撒娇。

麦麦罗鄙视地翻了个白眼："哎，你们发现没有，这个大怪物喜欢撒娇、卖萌。"

“这个……”

“呃……”

毛小逗和安千儿此时一脸黑线地看着面前的麦麦罗：他刚才还在害怕那个神秘的家伙，还说他是魔鬼，怎么这么快就变得如此淡定？

“看我干什么？”麦麦罗不解地望着两个人，“这个时候不是该研究一下这个神秘的家伙吗？”

“呃，是，是，是。”毛小逗满口答应着，心里却低低地说了句，“现在更让我好奇的是你态度的转变，好不好？”

“哎，神秘的家伙，头骨是干什么的？”麦麦罗又好奇地敲了敲，“哎哟，还挺硬的啊。”

“当然了。”神秘的声音听上去很是自豪，“我们骨头都是很硬的，如果我们是软绵绵的，你们怎么可能站直呢？”

“哇，所以说我们站直和运动都是你们骨头的功劳了？”安千儿有点崇拜地朝着神秘的大怪物说。在她小小的脑袋里此时已被塞进了一个伟大的英雄形象。

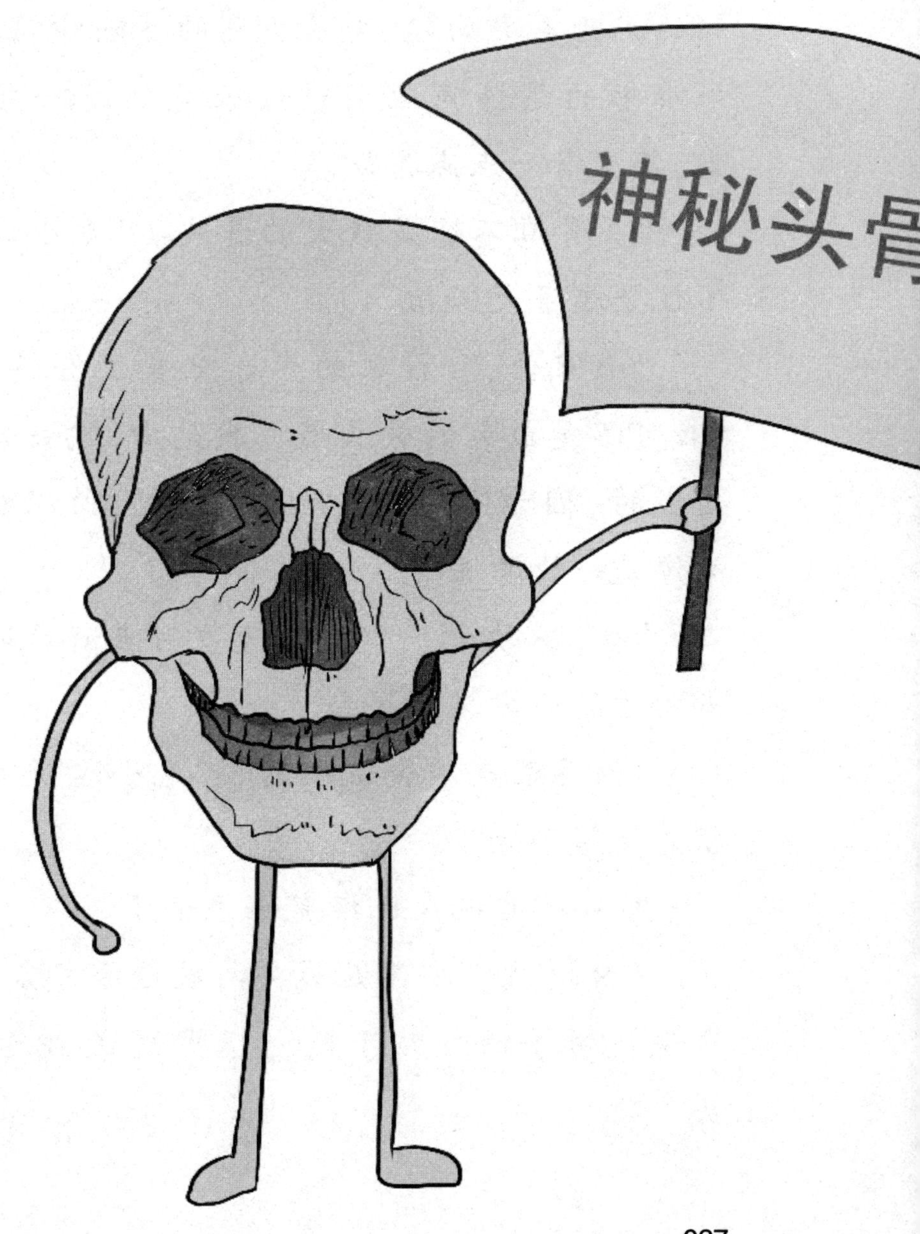

“还不止这些呢。我负责保护你们的大脑，而下面的肋骨则负责保护心脏和肺。”神秘的声音再次响起，先前听到的咔嚓咔嚓、啪啦啪啦的恐怖声此刻听起来竟然有一些可爱，甚至有一点点亲切。

“头骨真不愧是最大的骨头。”毛小逗忍不住竖起了大拇指。

“小家伙，”神秘的声音里多了份慈爱，“我可不是最大的骨头哦，我是由28块骨头组成的。因为他们紧紧地连在一起，所以看起来像是一块骨头。”

“哇，28块骨头啊？”麦麦罗有点好奇地朝着刚才的地方又敲了敲。

“你再敲也不会散架的。”毛小逗说完就捂着嘴笑了起来。

“……”其他人已经完全无语了。

“28块哦。”安千儿最先打破这个气氛。她边说边用手四处敲了敲，想找找这28块骨头。

“你们猜猜，人体内有多少块骨头呢？”显然，这个神秘的大家伙忍不住要提问了。

三个小伙伴面面相觑，不知道该怎么回答：“这个……真的不知道。”

“成人的骨头共有 206 块，分为头颅骨、躯干骨、上肢骨和下肢骨 4 个部分。儿童的骨头比大人多。因为儿童的骶骨有 5 块，长大成人后合为 1 块；尾骨有 4~5 块，长大后也合为 1 块；还有 2 块髂骨、2 块坐骨和 2 块耻骨，成人后就合并为 2 块髋骨。这样加起来，儿童的骨头要比大人多 11~12 块，也就是说有 217~218 块。医学书上说，初生婴儿的骨头竟多达 305 块。”

“成人体内的 206 块骨头，80 块在头部和躯干上，64 块在胳膊上，其余 62 块在腿上。我们小的时候，骨头更多，随着年龄的增长，有些骨头是会长在一起的，这样就导致长大后骨头的数量会减少。”

“这 206 块骨头，构成了人体的‘支架’，而且这200多块骨头，形状各异……”

听着神秘声音的讲述，三个小伙伴互相注视着……

第3章

最美丽的骨头——锁骨

麦麦罗还在想着神秘的大骨头说的话。“哦，原来是这样啊。”他若有所思地点了点头，转身看着身边的小伙伴，“所以说，你们现在懂了吧？”

“懂了。”毛小逗白了他一眼，“这句话不应该问好不好？你别装作一副自己什么都知道的样子，行不？”

“唉……”安千儿有点鄙视地看了麦麦罗

一眼。

“小家伙们，你们继续往前走，肯定会遇到我的兄弟们，到时候记得要问好哦。”神秘的声音突兀地响起来，三个小伙伴这才想起来除了自己，还有个神秘的大家伙呢。

“哎，头骨长什么样子啊？”毛小逗突然觉得很好奇。

“这个……”神秘的大家伙有点犹豫，并不是他不知道，而是他不知道要怎么形容给他们听。就在他左右为难之际，麦麦罗开口了：“哎，既然你不是最大的骨头，那么最大的骨头是哪块啊？”

“最大的骨头嘛，是大腿骨，也叫作股骨。”神秘的大家伙边回答边擦头上的汗：真的是孩子越小越难对付啊。

“我们要不要先去大腿骨那儿看看啊？”安千儿好奇地看着小伙伴们。

“这个嘛。”神秘的大家伙又开口了，“你们去大腿骨那儿之前会遇到更多更好玩的事情。祝贺你们，小家伙们。”说完之后神秘的大家伙打了个哈欠，任凭小家伙们怎么喊都不再出现。

“看来只好继续往前走了。”毛小逗说着朝前方走去，走了几步又忍不住往回望了望，“遗憾的是不知道头骨到底长什么样子。”

“你怎么这么笨呢。”麦麦罗上前用手推了一下毛小逗的头，“你记不记得我们以前偷偷在学校实验室里看到的那个模型啊。”

毛小逗点点头，说起那次实验室的旅行可真是惊险呢：在他们刚偷偷溜进实验室时门突然被打开了，整理实验器材的老师走了进来，吓得他们赶紧钻在桌子底下。

其实两个小家伙不知道老师一进来就看到他们了，只是故意装作没看见，开始整理实验室的东西。等了好久，失去耐心的两个小家伙钻了出来，一脸胆怯地看着老师，解释道：“我们，我们只是想看看。”真的都是好奇惹的祸啊。

可是让他们没想到的是，老师非但没有生气，反而问他们对什么比较感兴趣，还给他们大概讲解了一下。当时，麦麦罗就指着桌子上的那个模型问："老师，这是什么，这么吓人？"

"这个啊，这个是骨头模型，你现在指着的这个其实就是头颅了。"老师笑着拿起那个模型，可吓坏了两个小伙伴。

"哦，"毛小逗若有所思地点了点头，"那时候老师让我们两个看的，就是头骨的样子啊。"

"嗯，像个变了形的皮球哦。"麦麦罗随即向安千儿解释道。

安千儿不理他，却去扯毛小逗的袖子："毛小逗，是不是这个样子？"她边说边画给毛小逗看，毛小逗点了点头。

三个小伙伴嬉笑着继续往前走去，他们以为只要顺着这条路走下去就会见到最大的骨头，却不知道在这个大迷宫里，他们又要迷路了。

也不知道走了多久，安千儿在附近的大墙壁上敲了又敲：“哎，你们说，我们现在是不是要看到最大的骨头了呢？”

“哎呀，你们是要找股骨哥哥啊？”安千儿的话音刚落，就有个好听的女声传进了他们耳朵中。只是愣了一下，他们很快便明白这是遇见了神秘的大家伙的朋友了，就大着胆子对着周围喊道：“我们想要去看看最大的骨头，你知道它在哪里吗？”

“不用喊那么大声啦，会吓到其他人的。”甜美的女声再次传来。仔细听了之后才发现，这个声音的发源地就在他们身边。

“啊，是个漂亮姐姐啊。”安千儿眨巴着大眼睛看着小伙伴。

“好可爱的小姑娘哦，我喜欢。”这个声音刚听着有些害羞，但是很快，当她再次开口时便增添了一丝丝稳重，“小家伙们，你们是要去找股骨哥哥吗？”

“是啊，是啊。”麦麦罗抢先回答，“哎，漂亮姐姐，你怎么知道我们要去找股骨呢？”

“这个嘛。”在三个小伙伴都竖着耳朵认真听时，那个甜美的女声开口了，这次隐隐有些笑意，“你们不是说要看最大的骨头吗？这里最大的骨头就是股骨哥哥啊。而且，如果我没猜错的话，你们一定是从头骨大哥那里过来的，对不对？”

啊？三个小伙伴有点惊讶地四处看了看：自己没说是从头骨那里过来的呀，她怎么知道呢？

“哇，漂亮姐姐好聪明。”安千儿向来都很崇拜有学问、比较聪明的人，更何况还是个声音极其好听的漂亮姐姐呢，“只是，姐姐是怎么知道的呢？”

“我啊，”漂亮姐姐显然很喜欢卖关子，她低低笑了笑，然后说，“这是个秘密哦。”

“秘密？”

“啊？”

三个小伙伴彼此看了看，然后做了一个相同的决定，那就是故意不去问这是个什么秘密。因为他们觉得，这个漂亮姐姐一定会告诉他们的。

看着沉默的小家伙，漂亮姐姐果然开口了，她非常不理解："你们三个一点儿都不好奇吗？"

"当然好奇了。"麦麦罗笑嘻嘻地回答。

"其他人不好奇吗？"漂亮姐姐一直以为三个小家伙肯定会打破沙锅问到底的，谁知道竟然没人缠着自己问那个秘密到底是什么。

"不，"毛小逗摆了摆手，然后看了

看周围的环境，“不是好奇，是非常好奇。”

安千儿也点头表示同意，但是很快，她觉得自己点头漂亮姐姐是看不见的，就开口道：“嗯，非常好奇哦。”

“既然好奇为什么不问我呢？”漂亮姐姐有点好奇地问三个小家伙。

“嘘，”毛小逗竖起食指放在嘴边，刻意压低声音说，“这也是个秘密哦。”

“啊，”漂亮姐姐没想到小家伙们竟然学自己卖起了关子，只好妥协，“这样好不好，我们交换一下彼此的秘密，怎么样？”

“这个嘛……”毛小逗故意装作为难的样子，麦麦罗和安千儿看着毛小逗的样子都忍不住笑了。

“好不好呢？”漂亮姐姐听毛小逗的语气似乎在犹豫，有点慌了，“我可以先告诉你们我的那个秘密啊。”

“这样的话，好吧。”麦麦罗学着毛小逗的样子略一沉思然后回答道。

“是这样的，因为你们是从那边过来的，而且你们提到了最大的骨头，一般人都以为头骨大哥才是最大的骨头，你们却知道不是。在我问你们是不是要去找股骨哥哥时你们都说是，那不就证明了，你们其实早就知道股骨哥哥才是最大的骨头？那么肯定是头骨大哥告诉你们的啦。”漂亮姐姐说完了，还不忘问三个小家伙，“你们的秘密呢？小朋友说话一定要算数哦。”

“我们的秘密啊，”安千儿突然笑了，“一般喜欢卖关子的人肯定是希望别人猜啊，我们故意不猜，故意装作不好奇，你不就会乖乖地说出来了嘛。”安千儿觉得毛小逗真聪明，如果不是他刚才暗暗扯了扯自己和麦麦罗，漂亮姐姐现在还不一定会告诉自己她口中所谓的秘密呢。

“哎呦，原来是这个啊。”漂亮姐姐听完就笑了，“好聪明的小家伙。既然这么聪明，那么你们就猜猜我是谁吧。”

三个小伙伴相视一笑，齐声说道："漂亮姐姐给我们个提示吧。"

"嗯，好吧，我就给你们个提示。"漂亮姐姐似乎有点不好意思，扭捏了一会儿才开口，"最美丽的骨头哦。"

"最，最美丽？"

三个小伙伴一时间不知道该怎么回答，只好带着求救的目光四处乱看，只是那个漂亮姐姐好像看不到他们求救的目光似的，并不开口。

"漂亮姐姐，你就告诉我们吧，最美丽的骨头是什么呢？"安千儿实在忍不住了，开口问道。

漂亮姐姐回答道："我是锁骨。"

第4章

走近双胞胎城池——一样的骨头

走近双胞胎城池——一样的骨头

①肱骨

漂亮的锁骨说道:“锁骨是爬行动物、鸟类和哺乳动物肩胛带三骨之一，硬骨鱼身上已经没有其痕迹了。有尾两栖动物仍没有锁骨,无尾两栖动物才会有。除了锁骨,还有喙状骨和肩胛骨,共同组成肩胛带。人类的锁骨长度与从手腕到中指尖的距离相近，但是一些哺乳类动物的锁骨显得不完整。在人体，锁骨为‘S’状弯曲的细长骨，位于皮下，为颈与胸两部的分界，是上肢与躯干间唯一的骨性联系，维持肩关节在正常位置上，有扩大上肢活动范围和提高劳动力量的效能。分布至上肢的大血管和神经均在锁骨中段后方通过。无论是男生还是女生，有个形状好的锁骨看上去备加好看哦。”

“哇，原来是这样啊。”安千儿若有所思地点了点头，“怪不得是个声音好听的漂亮姐姐呢。”

“哎，这儿怎么有两条路啊。”麦麦罗看着面前的两条路有点犹豫了，“你说，我们往哪儿走呢？”

“走左边吧。”毛小逗看着两条路略一思索就指了指左手边的那条路。

“我看，还是走右边吧。”麦麦罗故意指了指右边的那条路。

“左边。”

“右边。”

“就走左边。”

“哼,大不了自己走自己的。”

“喂,你们两个别吵了。”安千儿看着面前两个争吵得面红耳赤的家伙真的很无语,“我们问问漂亮姐姐吧。”

说罢,她也不理那两个人,轻声问:“漂亮姐姐,我们应该走哪边呢?”

“要我说啊。”甜美的声音突然笑了,“你们只顾着争吵,就没看到中间还有一条路吗?我觉得你们去左边或右边那条路看看,都会有很多好玩的。不是只有股骨哥哥好玩,这里的每一根骨头都有很大作用哦。”

听了漂亮姐姐的话,三个小伙伴犹豫了一下,准备朝左边的路走去。他们想着既然来了就不如多看点儿好玩的,这样回去的话就可以告诉自己的同学朋友们了。

想到同学们好奇、崇拜的样子,麦麦罗有点飘飘然了。

旅途上那点儿不愉快很快就被忘得一干二净，麦麦罗和毛小逗互相搂着肩，还不忘拿对方开着玩笑。

“哎，好搭档啊。”麦麦罗完全无视毛小逗脸上的嫌弃。

“谁是你的好搭档？”毛小逗甩掉麦麦罗放在自己肩膀上的手，“离我远点儿！”

“哎，哎，”麦麦罗又把手搭在毛小逗的肩膀上，“不要这个样子嘛，真是的，作为一个男生，怎么能这么小心眼啊。”

“你才小心眼呢。”毛小逗“哼”了一声，继续朝前走去。

“哟，兄弟们，闯进来了三个小娃娃。”咔嚓咔嚓的声音传来时小伙伴们都愣住了：这，这又是怎么回事？这肯定不是之前见到的头骨，头骨的声音可没这么清脆。

他刚才说什么，三个小娃娃？麦麦罗看了看小伙伴，有点无语地问：“那三个小娃娃指的是我们三个吗？”

安千儿看了看周围，好像除了他们三个再没有别人了，她点了点头，表示就是他们三个。

“啊，什么小娃娃啊？我们都是大孩子了。”麦麦罗不满地嘟囔道。

“可是和我比起来，你们就是小娃娃。哈哈。”伴随着越来越清脆的咔嚓咔嚓的声音，还有低低的笑声。

“才不是呢。”安千儿噘嘴道。

“好吧，不是就不是。”那个有点清脆的声音再次响起，“你们不是，我是，成了吧？”

毛小逗看着身边的两个小伙伴忍不住笑了：这一会儿就遇到了好多有趣的人哦，先是神秘的大家伙头骨，然后是漂亮姐姐，现在又来了个完全搞不懂状况的大家伙。那么接下来还会遇见什么呢？小伙伴很是期待了。

“嗯，你是？”麦麦罗咧着嘴笑了，“我先做个自我介绍吧，我叫麦麦罗，男，爱好看各种冒险动漫。你呢？”

“好可爱的小家伙。我啊，我是肱骨，位于上臂，又叫上臂骨。”清脆的声音这样说着不免有些自豪，“我可是典型的长骨哦，可分为一体两端。”

“长骨？”安千儿有点疑惑地看着毛小逗，“什么是长骨啊？”

麦麦罗也好奇地看着毛小逗，毛小逗不好意思地挠了挠头，吞吞吐吐地说道：“这个问题我也不知道呀。”

“你不知道？”看着毛小逗脸上的表情，麦麦罗忍不住开口了，“你要是不知道也说一声嘛，你看看，我和安千儿可都眼巴巴地等着你的答案呢。”

毛小逗摇摇头，表示自己真的不知道。

“哎，那个大家伙，你告诉我们什么是长骨好不好？”麦麦罗突然想到这儿还有个大家伙呢，只是他忘了，这个大家伙其实叫肱骨。

“怎么这么没礼貌？叫我肱骨哥哥。”好不容易看到三个有趣的家伙，肱骨怎么可能放弃这么好玩的事情呢？他并不回答。

“才不要叫呢。”麦麦罗“哼”了一声，转身去看安千儿。

“喂，不叫我，就不告诉你们什么是长骨。”肱骨很是悠闲地说。

“……”

麦麦罗看着小伙伴有点犹豫了：不如就叫吧，古人说得好啊，“好汉不吃眼前亏”。再说喊他一声“哥哥”又不会怎么样，可问题是，自己刚才说过不要叫啊，这可怎么办？哎，对了，麦麦罗扯了扯安千儿的衣服：“小千儿，你就叫他一声‘哥哥’嘛。”

安千儿瞪了麦麦罗一眼不理他，继续往四周乱看着。

麦麦罗看安千儿不理自己，便把目光放在毛小逗身上。他小心翼翼地拽了拽毛小逗：“毛小逗……”

“什么事？”毛小逗看着麦麦罗可怜兮兮的表情忍不住笑了，“好了，好了。”

“肱骨哥哥，你就告诉我们什么是长骨吧。”安千儿笑嘻嘻地说。

“这个啊，”肱骨略一思索，笑着说，“说起

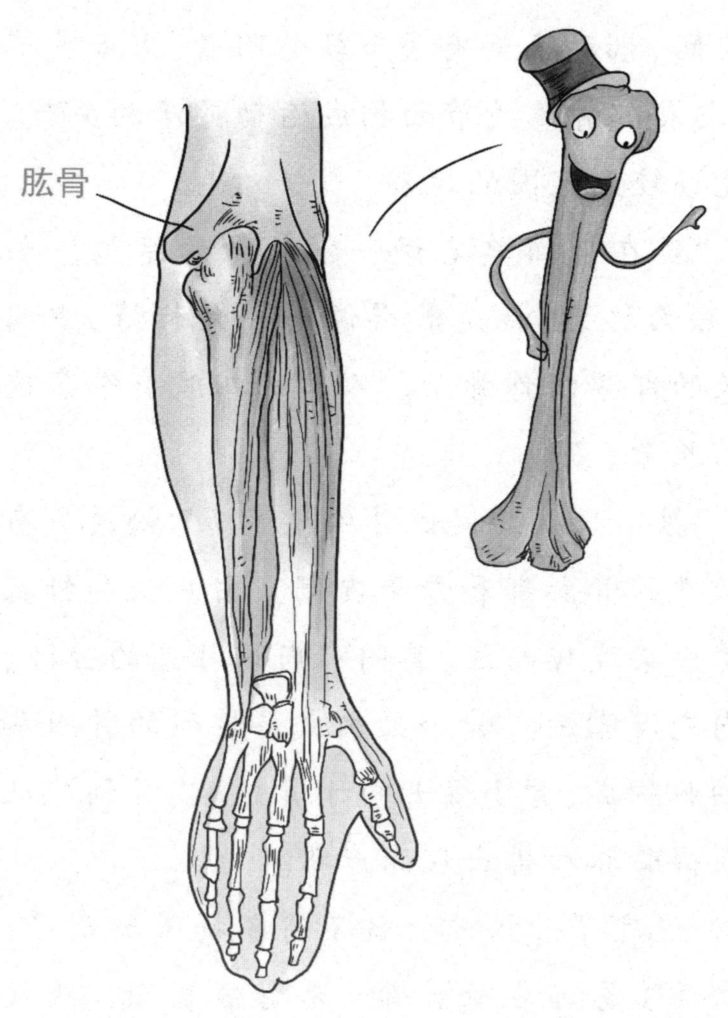

来就有些话长了。”

“长骨主要存在于四肢，呈长管状，可分为一体两端。体又叫骨干，其外周部骨质致密，中央为容纳骨髓的骨髓腔。两端较膨大，称为骺。骺的表面有关节软骨附着，形成关节面，与相邻骨的关节面构成运动灵活的关节，以完成较大范围的运动。”

“现在来简单地说一下长骨的结构。长骨，顾名思义，就是长得像一个大长筒，中间较长的部分叫作骨干。人体的四肢有很多这样的长骨。”

“接下来就要说说骨松质了。骨松质分布在长骨的骨骺部和骨干内侧，由片状和针状的骨小梁连接而成，其间有肉眼可见的腔隙，腔内充满骨髓。骨小梁由成层排列的骨板和骨细胞构成，骨小管开口于骨髓腔，骨细胞从中获得营养和排出代谢产物。”

“说完了骨松质，就不得不提骨密质了。骨密质多分布在长骨骨干和骨骺表面，由按不同方式排列的骨板组成。骨板按排列方式分为外环骨板、内环骨板、骨单位骨板和间骨板几种类型。”

“外环骨板，环绕骨干表面且呈平行排列，约十数层或数十层，比较整齐。外环骨板的外面与骨膜紧密相接，其中可见横向穿行的管道，称为穿通管，又称福克曼管。外膜的小血管由此进入骨内。”

“内环骨板，居于骨干的骨髓腔面，仅由数层骨板组成，不如外环骨板平整。内环骨板表面衬以骨内膜，与被覆于骨松质表面的骨内膜相接续。内环骨板中也有穿通管穿行，管中的小血管与骨髓血管相通连。”

“骨单位骨板，又称哈福斯骨板，位于内、外环骨板之间，是骨干。是骨密质的主要组成部分。骨单位骨板呈同心圆排列，中央的管道为中央管，又称哈福斯系统。”

“间骨板，为填充在骨单位之间的一些半月形或不规则形的平行骨板，它是在骨生长改建中原有的骨单位或外环骨板未吸收的残留部分，除骨陷窝及骨小管外，无其他管道。”

“最后要说的就是骨膜。除关节面以外，骨的内外表面均被覆着一层致密的结缔组织的骨膜，外表面的称外骨膜，分内外两层。”

“哦，原来是这样啊。”安千儿吐了吐舌头，看向身边的小伙伴，“哎，若不是肱骨哥哥说，我们怎么可能知道这么多呢？”

“是哦。”麦麦罗虽然这样说着，眼神已经移到别的地方了。他扯了扯毛小逗，示意他继续往前走。

“肱骨哥哥，再见了，我们要继续走了哦。”安千儿摆了摆手，朝毛小逗追去。三个小伙伴只顾着往前走，根本没注意到身后清脆的声音。

“哈哈，小家伙们，很快我们就会再见面了哦。”

②永远的邻居——桡骨和尺骨

“我给你们讲个故事吧。”麦麦罗果然是个闲不住的孩子，他看着只知道闷头走路的毛小逗和安千儿嘻嘻笑了。

“不听。”毛小逗还未说什么，安千儿抢先拒绝了，因为麦麦罗每次讲的故事，只能用四个字来形容：又长又臭。

“哎……”麦麦罗却没有要放弃的意思，“我是很认真的啊，这真的是个很有趣的故事。”

“嘘！”毛小逗觉得有点儿不对劲。

“啊？”

“怎么了，这是？”

地面有强烈的抖动！毛小逗愣了一下，喊道：“找个安全的地方躲起来！可能，可能是地震。”

“快，躲过来！”毛小逗向麦麦罗伸出了

手，另一只手紧紧地抓着身边仅有的东西。

“哎哟，哎哟，淘气的小家伙们，疼死我了。”背后的声音吓得毛小逗差点儿松手，可是他知道一旦松手，自己和麦麦罗就不知道要掉到哪里了。他突然想起来一时心慌只顾着拽麦麦罗，竟然忘了安千儿的安危。

“安千儿，你没事吧？”毛小逗此时也不能扭头，他完全不知道安千儿那边是什么状况，只好大声问。

“我，我没事。”安千儿正费劲地抓着身后的东西，她害怕地闭着眼睛，不敢乱动。

“刚才是谁，谁在说话？”毛小逗想起刚才的声音，太吓人了，尤其是在这个时候。

“小家伙，你现在正紧紧抓着我呢，你说是谁在说话。”在抖动的地面开始慢慢平稳。等一切趋于平静后，身后的家伙才开口。

毛小逗一哆嗦松了手，麦麦罗看着慢慢要平静的地面刚松了口气，就觉得毛小逗拽着自己的手有点不对劲，还不等他抬头往上看，就被砸了下来。

“哎哟喂，毛小逗，你干嘛呢？”麦麦罗揉了揉自己的胳膊，“你不知道你很重啊。”

“啊，对不起。”毛小逗抬头看了看刚才自己抓着的地方又是一阵心慌，“哎，你说刚才说话的是谁？”

“你先别管刚才说话的是谁，好吗？”麦麦罗咬牙切齿地说，“现在麻烦你把你自己从我身上拿开，成吗？”

“啊。”毛小逗这才注意到原来自己砸在麦麦罗的身上，难怪刚才掉下来的时候一点儿都不疼呢。他赶紧起身去扶麦麦罗。

“作为好朋友，你还偷笑？”麦麦罗站起来，看着此时已经站稳了的安千儿。

“我才不是笑你呢。”安千儿扭脸不再看麦麦罗。

“哎，你说刚才是怎么回事？”麦麦罗也不怪毛小逗了，轻轻扯了一下他，“地震？”

“嗯，可能是。”毛小逗仔细想着刚才惊险

的一幕，还好没出什么大问题，只是微微地动了动，这是不是预示着以后的旅程要万分艰难了。这肯定不会是最后一次，他有点儿费解：到底是怎么了？

“喂，小家伙们，你们准备无视我到什么时候？”一直隐在身后的人终于受不了了：这群小家伙莫名其妙地闯了进来，莫名其妙地使劲抓了自己，现在还莫名其妙地无视自己。怎么这么多莫名其妙啊。

“啊。”毛小逗此时才想到刚才使自己和麦麦罗摔在一起的“罪魁祸首”，“你，你是哪位？”

“哟，小家伙，这么快就不认识我了，刚才你们还使劲地抓着我呢。疼死了，哎哟。”三个小伙伴听着神秘物的哭诉，面面相觑，不知道该说什么。

“那个，我，我是无辜的。”良久，麦麦罗怯怯地说，完了还不忘推了推身边的毛小逗和安千儿，示意他们两个也说点儿什么。

“呃，不，不好意思。”毛小逗有点不好意思地开口，“不过，也谢谢你哦。”

“刚才，刚才是怎么回事？”安千儿想到刚才抓这个神秘物的也有自己，有点儿不好意思地吐了吐舌头，显然她更关心的是刚才到底发生了什么事情。

“就是你们莫名其妙地闯了进来，莫名其妙地使劲抓了我，整个一个莫名其妙。”神秘物显然有点儿生气了，他的语气并不是很友好，“我说，你们三个小家伙乱跑什么啊，这里是你们可以乱跑的地方吗？”

“你也很莫名其妙的，好不好？刚才发生了点儿小意外，我们才抓你的。而且作为一个心地善良的人就应该帮我们一把。”听到神秘物说那样的话，麦麦罗忍不住回了两句，边说边四处张望。

“我不是心地善良的人。”神秘物没想到小家伙竟然敢顶嘴，他愣了一下继续说道，“顶多就算个心肠不坏的骨头。”

“还好意思说自己心肠不坏啊。”麦麦罗低声嘟囔了一句。他以为神秘物不会听到，哦，应该说是神秘的骨头，没想到他还是听到了。

“你们莫名其妙地跑来抓疼了我，我都没生气。”说到自己没生气时，神秘的骨头小小心虚了一下，随即又挺起胸膛

桡骨

教育起这三个小家伙，“再说了，事后你们都不知道谢谢我，我也很委屈的。”

听到神秘的骨头这样说，三个小伙伴也有点不好意思了，尤其是麦麦罗。他犹豫了一下，开口说：“刚才对不起了，我们，我们也是没办法的嘛。”

“好了，原谅你们了。”听到小家伙的道歉后，神秘的骨头心情明显好多了，说话都带着些许调皮，“哎，小家伙们，你们肯定想知道刚才是怎么回事吧？”

“是地震吗？”毛小逗抢先问道。

“呃，不是啦。”神秘的骨头思索了一下才开口，“这样吧，我先做个自我介绍，我是桡骨，我有一个邻居叫尺骨。”

“哇，还有邻居？”安千儿觉得好玩极了，

她从来都不知道骨头还有邻居的。“你的邻居脾气好不好？”

“当然都很好了。”桡骨擦了擦头上的汗：这些小家伙们也太好奇了，竟然还会问这种问题。这个，这个要自己怎么回答啊。如果偷偷说尺骨小朋友的坏话，他肯定又要大吵大闹了。

“呃，我还是先给你们说一下刚才是怎么回事吧。大巨人克洛奇刚才动了动自己的胳膊，你们站的地方正好是我和肱骨哥哥的交界点。运动是要经过肌肉和骨头一起合作才可以完成的，而我们一运动你们就会因为所处的环境变化而发生刚才的事情。”桡骨怕小家伙们听不懂，尽量用简单易懂的话给他们讲。

“现在懂了吧？”桡骨看着一言不发的小家伙低低地问。说实话，他自己也不明白刚才自己都说了些什么。

“嗯，有点明白了。”安千儿最先开口，可

是她最关注的还是桡骨的邻居，“你那个小邻居不在家吗？”

“呃，这个……”桡骨看着身边正在沉睡的尺骨，不知道怎么开口，“那个，我们是永远的邻居，是离不开彼此的，他一直都在呢。”

“谢谢你，桡骨。”毛小逗一本正经地说，“我们要继续走了，再见。”

“哎，小家伙们，等一下，前面的路不通，你们要退回去。”桡骨看着准备走的小家伙们大声喊道。

三个小伙伴愣了一下，只好顺着原路往回走。麦麦罗觉得熟门熟路的不用这样慢慢吞吞、小心翼翼地走，就直接跑了起来。

“喂，麦麦罗，你别乱跑了。”安千儿看着早已跑远的麦麦罗忍不住喊了起来，只是她的喊声对认为此时一点儿危险都没有的麦麦罗是起不了任何作用的。

等安千儿和毛小逗顺着原路追过去的时候，早已看不到麦麦罗的身影了，只有神秘的咔嚓咔嚓的声音在后面说道："再见，小家伙。"

③一模一样的骨头——迷失在双胞胎城池

"麦麦罗又丢了。"安千儿看了看四周，无奈地对毛小逗说。

"麦麦罗，出来，别乱跑了，我们要去找股骨哥哥了哦。"毛小逗把手放在嘴边做喇叭状朝远处喊着，可是回应他的只有空荡荡的阵阵回音。

"这可怎么办，每次都是这样。"安千儿有点儿懊恼地看了看四周，也学着毛小逗的样子喊，"麦麦罗，你快出来，再不出来，我们真的不管你了。"

说虽这样说，两个小伙伴还是顺着眼前的路往前走去。怎么可能丢下自己的小伙伴呢？只是麦麦罗也太不让人省心了。

两个小伙伴正在心急地寻找着突然失踪的麦麦罗，而麦麦罗这边呢，则正盯着周围有点儿眼熟的环境发呆：这个地方，他好像来过。

麦麦罗记性不是太好，可是他敢肯定他绝对来过这个类似宫殿的大地方，尤其是这些支撑着宫殿的“大木头”们。

“哎，有没有人？”麦麦罗回头望了望，这才发现小伙伴们根本没跟上来，就他自己在这个陌生的地方。

“到底有没有人啊？”麦麦罗继续喊。他边喊边试图朝来时的方向跑去，可是“嘭”的一声他撞在了附近的“大木头”上。

“这是，这都是什么啊？”麦麦罗一边揉着头上的大包，一边好奇地看着周围的“大木头”。

“该死的木头，被撞得这么疼。”麦麦罗嘴一噘，狠狠地踢了一下。

“淘气的孩子，怎么这么不讲理，是你不

小心撞到我的。”清脆得有点儿熟悉的声音传来，吓得麦麦罗往后退了好几步。

“你是谁？毛……”麦麦罗刚准备喊毛小逗，突然想起来，两个小伙伴被自己远远地甩在了身后。这可怎么办呢？

“你说我是谁，你怎么这么没有礼貌？撞

到了我连‘对不起’都不说，还踢我？”清脆的声音里带着些许怒气，麦麦罗吓得不敢再说一句话。

“喂，小家伙，你怎么不说话了，刚才不是很蛮横无理的吗？”清脆的声音再次响起。麦麦罗一边朝着来时的方向张望，一面暗暗祈祷，希望毛小逗和安千儿快点儿过来。

麦麦罗想过逃跑的，可是他看了看周围，也不知道自己撞到的人到底是个什么庞然大物，如果跑不出去再被揍一顿，那可是得不偿失啊。

“对，对不起。”麦麦罗吭吭巴巴地说完“对不起”后，突然想到这个声音在不久之前曾听过：如此熟悉的声音，对，对，是，是肱骨哥哥，原来是肱骨哥哥啊，这下，麦麦罗放心了，他擦了擦头上的汗笑嘻嘻地喊，“肱骨哥哥。”

“谁是你肱骨哥哥啊？”肱骨很是不解：这个小家伙刚刚的样子明明是被自己吓到了，

怎么突然又转变了态度?

“你不是肱骨吗?”麦麦罗虽然嘴里这样问,但是心里已经肯定了眼前的绝对是肱骨哥哥,如此清脆的声音自己怎么可能记错呢?

“是啊。”肱骨也郁闷了,这是怎么回事?

“那不就是了。”麦麦罗边朝那边张望边说,“你不是在那边吗,怎么突然出现在这里?吓死我了。”

“是什么是!”肱骨非常确定眼前的小家伙认错人了,哦,是认错器官了。他又恢复了凶巴巴的样子,“我是股骨没错,可是我不是你的哥哥。”

“你明明就……”那个“是”字还没说出口,麦麦罗就看到有两个身影正往这边走来,他挥着胳膊大声地喊道,“毛小豆,安千儿,这儿呢,这儿呢。”

听到麦麦罗的喊声,安千儿这才松了一口气,但她还是不忘对毛小豆说:“真希望他被大怪物抓走,哼哼。”话是这样说,可是要知道，刚才找不到麦麦罗她可是担心了好久呢。

“是，被抓走最好。”毛小逗也附和着说。

“你们猜猜谁在这里。”麦麦罗笑嘻嘻地看着越走越近的两个小伙伴，“是肱骨哥哥哦。”

“谁是你肱骨哥哥。”毛小逗和安千儿还未来得及回答，肱骨已经忍不住先说话了。这个讨厌的小家伙跑过来大吵大闹的，还踢了自己，这么没礼貌的小家伙谁认识他啊。而且，还喊自己肱骨哥哥。这样想着，肱骨有点郁闷。

“啊……肱骨哥哥？”安千儿听到这个声音后也愣了一下，“那，那边那个是什么？”安千儿想到在找麦麦罗的过程中经过了肱骨哥哥身边。

“难不成是……”毛小逗犹豫了一下，还是说了出来，“双胞胎？”

“什么？”

“怎么可能？”

麦麦罗和安千儿均摇头表示不相信，怎么可能会是双胞胎呢？这，这不是胡扯嘛，人有双胞胎还差不多，这，这可是在大巨人的体内啊。

“那么，真的是双胞胎吗？”许久，安千儿低低地问毛小逗。虽然她不相信，可是她想到肱骨哥哥分明是在刚才过来的方向啊。

“哦，我明白了。”在三个小家伙还在犹豫时，肱骨再一次开口了，“你们是从左边过来的，对吧？你们见到的是我的双胞胎哥哥。”

“啊？”

“真的是？”

这下觉得不可思议的不只是麦麦罗和安千儿了，连毛小逗也张大了嘴巴：他刚才只是猜测而已。

“呃，”肱骨看到三个小家伙的表情忍不住笑了，“不如我给你们讲讲吧，这儿可不只有我是双胞胎，你们身体里还有很多很多的长得一模一样的双胞胎呢。”

说到这里，肱骨继续说道：“人体内的双胞胎骨头岂止是肱骨，除了我们之外还有好几对呢。因为人的左胳膊和右胳膊是一样的，这就代表了构成他们的骨头也是一样的。第一对双胞胎骨头呢当然是肱骨兄弟，我们兄

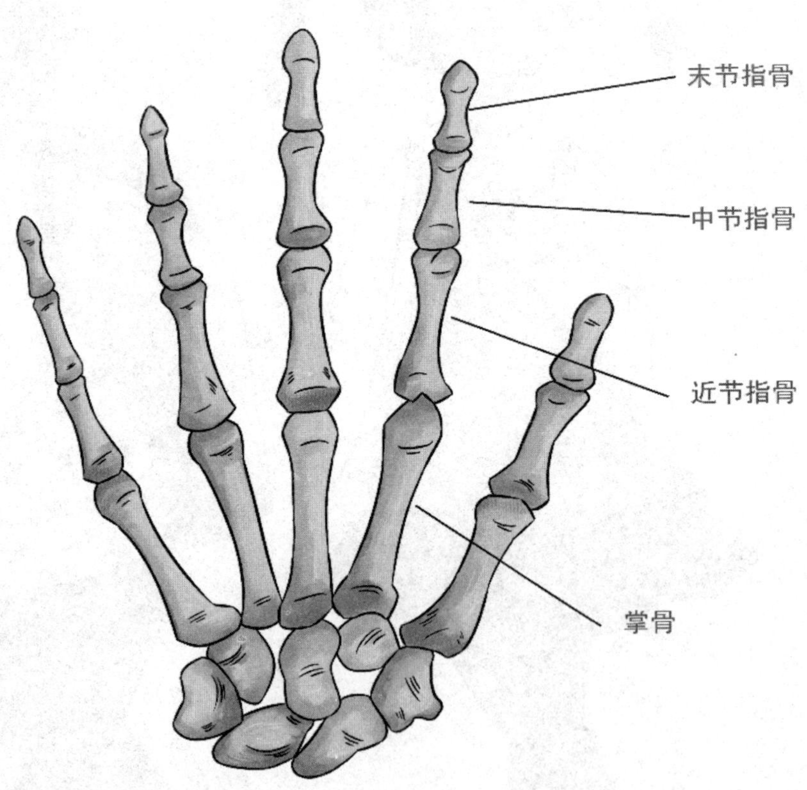

弟分别位于左手臂和右手臂。然后呢，就是桡骨了，当然还有桡骨的小邻居——尺骨。你们在左手臂上看到的骨头，在右手臂上同样可以看到哦。就是有了他们以及肌肉与关节的存在，人们才可以运动哦。当然，你们还会在接下来的旅途中看到另几对双胞胎，他们呢，分别位于左腿和右腿上。现在，我们还是来说一下指骨吧。说到指骨呢，大家肯定会想到手指了，真聪明。拇指为2节，其余各指均有3节指骨，由近侧向远侧依次为第1节指骨（近节指骨）、第2节指骨（中节指骨）、第3节指骨（末节指骨）。指骨也是小型长骨，每节指骨也分底、体、小头3部。近节指骨底为卵圆形凹陷的关节面，与掌骨小头相关联。小头的关节面呈滑车形式，称指骨滑车，与中节的指骨底相关联。末节指骨的远侧端稍膨大且粗糙，名甲粗隆。”

麦麦罗听完肱骨的介绍，若有所思地点点头：“有双胞胎哥哥是个很幸福的事情。”这时他想到要是自己也有个一模一样的双胞胎哥哥，那该多好啊。这样的话，遇到自己不想做的事情、不喜欢做的事情，他都可以帮自己做，而自己只要抱着足球玩就行了。麦麦罗越想越觉得没双胞胎哥哥真可惜。

第5章

胸腔保卫队——肋骨和胸骨

胸腔保卫队——肋骨和胸骨

①人体对对碰——肋骨

三个小伙伴告别肱骨，继续踏上了路途，一路上大家都沉默不语。麦麦罗的沉默主要是因为他还在思索那个关于双胞胎哥哥的问题，他本来觉得有个双胞胎哥哥是很好的，可是突然想到，要是双胞胎哥哥和自己抢玩具该怎么办呢。越想他越不乐意了，想到自己所有喜爱的东西都将被抢走，不觉皱起了眉头："还是自己一个人好。"

"什么？"毛小逗离麦麦罗最近，听到这句话后不解地问。

"没什么。"麦麦罗这才惊觉，自己刚刚竟然把心里想的话说了出来，看着毛小逗一脸不相信的表情，麦麦罗又急忙摆摆手，解释道，"真的没有什么啦，你相信我。"

毛小逗看麦麦罗并没有要说的意思，也就不再追问了。三个小伙伴继续往前走去，一路上，各怀心思。毛小逗在想着接下来会遇见的神奇的东西，安千儿在想着好玩又有爱的骨头们，而麦麦罗则依旧纠结在双胞胎的事情上。

"欢迎，欢迎，欢迎你们的到来——到来——"一声又一声的回音吓到了三个小伙伴。他们不解地看着周围，不知道是谁在调皮捣蛋，捉弄自己。

"是我先说的，你能不能别学我说话？"这

时有个声音格外突兀。

“哎,我喜欢说什么就说什么,哪是在学你说话?”在另一个声音响起的时候,安千儿觉得这个熟悉场景好像在哪里见过。

“哼,不要学我们老大说话。”另一个有些细的声音传进三个小伙伴的耳朵里。

“哼, 我们老大才懒得学你们老大说话呢。” 在三个小伙伴还没完全弄清状况的时候,另一个声音也响了起来,这让小家伙们更迷茫了:怎么回事? 两边吵起来了?

“喂,怎么说话的?”又一个陌生的声音传来。

“哼,就是这样说话的。”

这,这到底是怎么回事?三个小伙伴互相看看却不知道该怎么说, 因为老师说过打断别人讲话是很不礼貌的行为。可是,如果不打断的话,照他们这样子继续争吵下去,不知道什么时候才能安静下来。

“大家都别吵啦。”就在三个小伙伴为难

时有个声音传来了，可是他们没想到的是这句话非但没有阻止那些乱七八糟的争吵声，却让那些争吵声更激烈了，“喂，我们凭什么听你们的？”

“这么不尊重人……”

“你们都先停下！”毛小逗使出全身的力气喊出了六个字，待到全部安静下来后，毛小逗不好意思地挠了挠头，“那个，那个，你们可不可以不吵？”

“就是，大家以和为贵嘛，有话，好好，好好说。”麦麦罗上前解围道。

“我们哪儿有争吵？”最初听到的声音再次响起来。

“就是，就是。”

“我们明明没吵。”

那些骨头们吧，他们常年在一起未免无趣，那怎么才有趣呢？对，就是斗嘴。他们每次也不是真的生气，只是习惯性地斗嘴，这样才会不无聊。

可是三个小伙伴哪知道啊，他们以为这些骨头们是真的吵起来了。可令他们没想到的是，刚刚还在争吵的骨头们瞬间团结起来，把目标对准了他们。

“哇，我想到了。”安千儿这时候不顾形象地笑了，“刚才那一幕不正是你们两个平时吵架的模样吗？”安千儿边笑边拽毛小逗和麦麦罗。

两个小伙伴不好意思地看了对方一眼，而这时那些骨头们再次说话了：“欢迎你们进入肋骨的世界。”

肋骨？三个小伙伴好奇地看了看，有点不解。

“你们都是肋骨吗？”毛小逗有点好奇地问。

“嗯，当然是了。”这时候又有个声音传来。三个小伙伴已经懒得去分辨到底是谁的声音了，只是疑惑地看着彼此。

“肋骨有这么多？”麦麦罗有点不相信地

问道，从刚才到现在他好像听到了好多好多的声音。

“当然了，肋骨可是有12对的哦。”

“12对？”安千儿忍不住惊呼道，“那不是24根吗？”

“是啊，是啊。”那个细细的声音里带着点点自豪，“我们这个大家庭人可是很多的哦。”

“那你们刚才为什么争吵啊？”安千儿终于问出了自己想要问的话，她认为弄清楚了他们争吵的原因也就会明白毛小逗和麦麦罗经常争吵的原因了。

“我们才没有争吵呢，我们只是在讨论。”良久，才有个小骨头开口。显然，他的回答得到了肋骨大家庭的全部支持，仔细听的话还可以听到“啪啪”的鼓掌声呢。

“你以为我们是三岁小孩子啊，哪有讨论是那样的。”麦麦罗明显不相信。

“我们就是在讨论。虽然我们讨论得激烈了些。”其实在说“讨论”这两个字时，小骨头是有些心虚的，他不可能忘记在上次激烈的讨论时差点发生的打架事件。

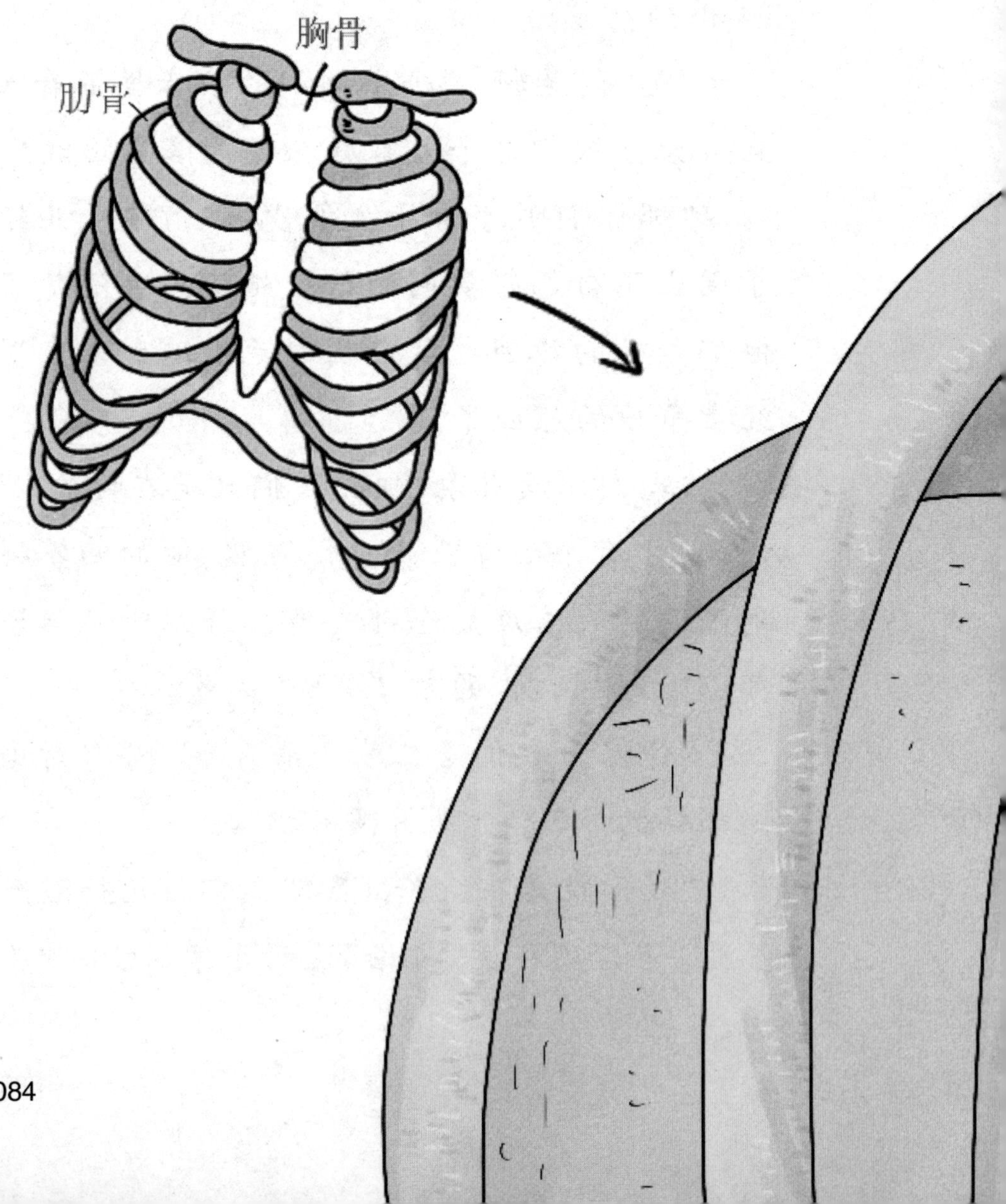

“你们肋骨是干嘛的？”安千儿有点不好意思地问道。这个她真的不知道。

“我们啊——”小骨头停顿了一下，看着上面的老大，“老大，还是你来说吧。”

个头大的肋骨接着说道：“你们大概知道吧，肋骨对于脊椎动物来说，就是用来保护肺、心脏、肝脏等器官的骨骼，是整个胸腔的构架。人的肋骨呢，就是连接椎骨和胸骨的骨头，对心脏和肺都能起到保护作用。有12对，左右对称，后端与胸椎相关节，前端仅第1~7肋借软骨与胸骨相连接，称为真肋；第8~12肋称为假肋，其中第8~10肋借肋软骨与上一肋的软骨相连，形成肋弓，第11、12肋前端游离，又称浮肋。”

“左右肋骨各12条，后端皆与胸椎相连，上5条前端与胸骨相连，中5条前端融合成一条而连于胸骨，下2条前端游离，合而构成胸廓。”

“肋骨的一般形状是：后端稍膨大，叫肋头，由关节面与胸椎体的肋凹形成关节，从肋头向后外变细，叫肋颈，再向外变扁成肋体，

颈与体结合处的后面突起是肋结节，有关节面与胸椎横突肋凹相关节。肋体向外转为向

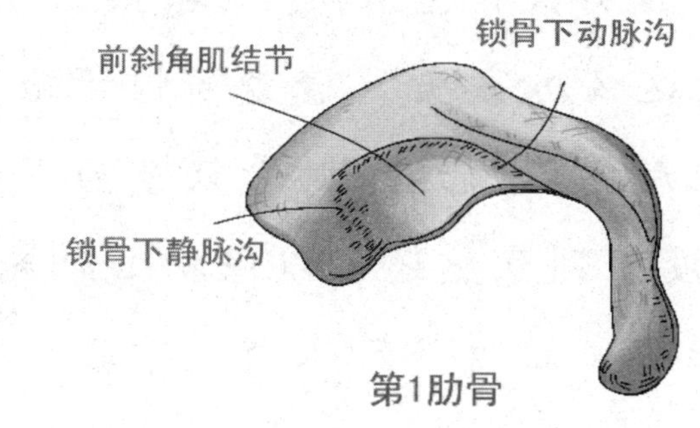

第1肋骨

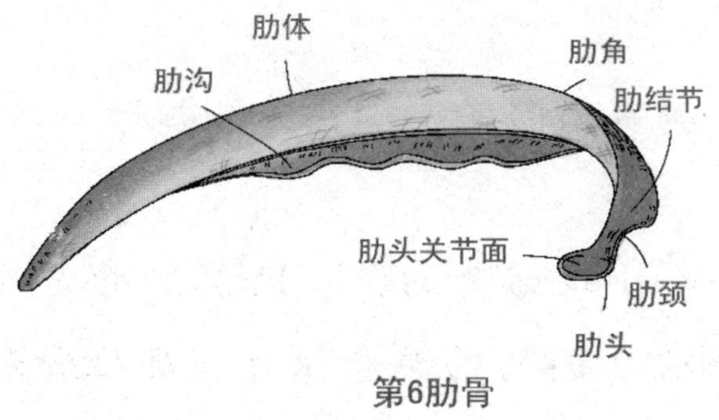

第6肋骨

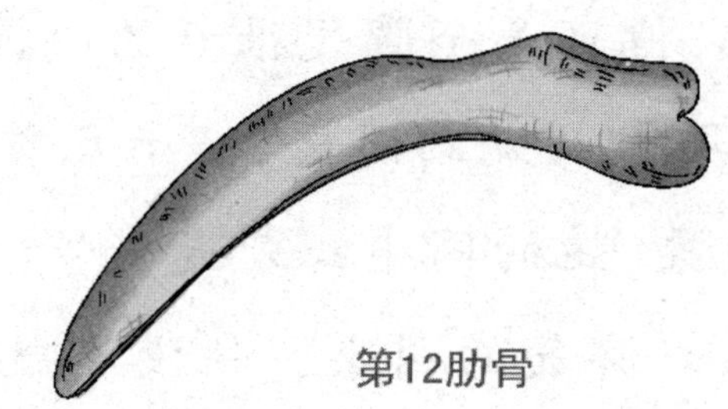
第12肋骨

前的转弯处叫肋角，肋体下缘内面有容神经血管经过的肋沟。肋体前端粗糙，接肋软骨，肋软骨为透明软骨，与胸骨侧缘相关节。”

“哇，这么厉害哇。”麦麦罗惊讶地张大了嘴巴，他起初以为这个肋骨只是为了连接别的骨头，没想到竟然还可以保护心脏和肺。他很早就知道，心脏是人体内很重要的器官之一。

②脾气很好的小同桌——胸骨

令毛小逗好奇的是，既然肋骨是连接椎骨和胸骨之间的桥梁和纽带，那椎骨和胸骨的关系又是如何的呢？

这时，一个小骨头说道：“给你们介绍一下胸骨吧，他可是个脾气很好的小同桌哦。”

“小同桌？”说到同桌，安千儿首先想到了自己的同桌，她的同桌正是麦麦罗。麦麦罗可不是什么好脾气的同桌，他没事就爱捉弄自己，还喜欢在自己的课本上乱画画。

“哇，和我们的关系一样哦。”麦麦罗回头开心地看着安千儿。

“欢迎小家伙们。”在小伙伴们正准备问什么时，有个很温柔的声音传来。难不成这个就是肋骨说的“脾气”很好的胸骨？

“哇哇，声音这么温柔。”安千儿已经忍不住开始惊呼了，她恨不得上前拥抱一下胸骨。

要是自己有个这样声音温柔、脾气很好的同桌多好啊，才不要和麦麦罗这个捣蛋鬼做同桌呢。哼。

“你是不是在心里想着不要和我做同桌？”麦麦罗看着安千儿的样子问。

“你怎么知道？”安千儿有点儿不解地问。

“因为我就是这样想的。”说完麦麦罗自己也笑了，他扯了扯毛小逗，“哎，毛小逗，我比较喜欢和你坐同桌。”

“我不想和你坐一起。”毛小逗没有丝毫犹豫，斩钉截铁地回道。

“喂，喂，不要这个样子了。”麦麦罗才不管呢，依旧缠着毛小逗，“你想啊，安千儿肯定想着不和我坐同桌，找个脾气好点的同桌了，那我不就没同桌了吗？”

这样听着，胸骨忍不住“噗嗤”笑出声来：好可爱的小家伙们啊。她也忍不住开口了：“你们啊，坐在一起，难免会有摩擦，作为男子汉，你要让着你的同桌才是嘛。”

顿了顿，她又对安千儿说："他是男孩子，肯定会有点调皮了，你也要多体谅体谅嘛。"

安千儿有点不好意思地低下了头，虽然麦麦罗是调皮捣蛋了点儿，可是自己也从来没给过他好果子吃。上次两个人吵起来他拽了一下自己的小辫子，自己还生气地扔了他一大堆书呢，现在想起来自己也有不对的地方。

麦麦罗尴尬地笑了笑："呃，那个啊，小千儿，以后，以后我不欺负你了。"

听完他的这句话，安千儿刚要笑，谁知麦麦罗却又趴在毛小逗肩膀上说道："不欺负她多无聊啊。"

"就知道！"安千儿心里想，扭过了脸不再搭理麦麦罗。

"其实吧，我和肋骨们因为离得很近，也经常磕磕碰碰的呢。"胸骨看着麦麦罗和安千儿的样子，觉得小家伙们太可爱了。

"啊，你们也会磕磕碰碰？"这个可是毛小

逗没想到的。

“是啊，最初的时候经常磕磕碰碰，有时候也会生气吵嘴的。可是后来呢，我长大了，就知道得饶人处且饶人嘛，再说了，都是邻居，还是同桌，怎么能那样呢？”胸骨看着三个小家伙不禁想到了自己小时候，那时候可是真开心啊。

“对了，你是干吗的呢？”安千儿看了看胸骨，又看了看肋骨，好奇地问，“和肋骨一样，也是保护心脏和肺的吗？”

“是哦，好聪明的小姑娘。”肋骨说。

第6章

最大的骨头——股骨

最大的骨头——股骨

小伙伴们从胸骨那里知道，顺着这条路再走下去就会见到股骨哥哥了。一想到马上就可以见到股骨哥哥,大家开心地朝前跑去。

他们很是好奇，人体内最大的骨头到底是个怎么样的人呢?哦,是到底是个怎么样的骨头呢?

在三个小伙伴刚刚踏入有点陌生的环境时，就听到了一个又大又洪亮的声音:“欢迎你们来找我。”

什么，找他？毛小逗有点狐疑地看了看麦麦罗，然后有点惊讶地说：“难道，难道这就是最大的骨头——大腿骨？”

“是哦，小家伙们。”洪亮的声音里满是自豪，“我就是股骨哥哥，也就是大腿骨。”

“只是，你怎么知道我们要来找你呢？”麦麦罗很是不解地问道。刚才大腿骨说那样的话也就代表着他早就知道自己和小伙伴是专门来找他的了。

“这个嘛。”大腿骨故意卖了个关子，看着小家伙们好奇的样子忍不住笑了，“当然是我的骨头兄弟姐妹告诉我的了。”

“啊，你们骨头的消息传递得很快嘛。”麦麦罗边说边轻声问毛小逗，“他们是不是都有手机？”

毛小逗一脸汗颜地望着麦麦罗，这孩子，思维跳跃得太快了吧，竟然问他们是不是都有手机。

“他们会网上斗地主。”毛小逗说这句话的时候一脸认真，一旁的安千儿狐疑地看着毛小逗。

“啊，真的啊，这么帅？”麦麦罗边说边试图去碰大腿骨，“请教一下，怎么网上斗地主啊？”

看着麦麦罗的样子，毛小逗和安千儿笑得肚子都疼了，这家伙也太可爱了吧，连这样的话他都相信。麦麦罗转身看着毛小逗和安千儿突然间像明白了什么，“哼”了一声不再理他们。

“喂，不要这么小心眼嘛。”毛小逗上前摇了摇麦麦罗的胳膊，忍住笑道，“人家说‘宰相肚里能撑船’，你就不要计较了嘛。”

安千儿看麦麦罗并没有要理毛小逗的意思，也上前拽了拽他的胳膊：“我们错了还不行吗？”

“小家伙们，你们是来看我的，还是来闹别扭的呢？”被三个小家伙晾在一边的大腿骨突然说话了。当大腿骨从兄弟姐妹们那里听说有三个小家伙很崇拜自己,要来看自己时,很是开心,但没想到的是,这三个小家伙见到自己后居然直接无视了自己。这哪是粉丝该对偶像的态度嘛。

这一般的粉丝见到偶像肯定是开心地围着偶像转的嘛，怎么这三个小家伙见了自己后竟然还有心思在那里闹别扭？这……难不成是自己的魅力下降了？大腿骨越想越不开心，如此被人无视的事情这还是第一次发生呢。

“啊。”麦麦罗这才注意到自己只顾着闹别扭竟然忘了，此刻在自己身边的是自己非常非常想要见到的股骨哥哥——大腿骨。

“我们当然是来看你的啦,股骨哥哥。”安千儿不好意思地吐了吐舌头。

“麦麦罗,你就大人有大量原谅我们吧。”毛小逗又摇了摇麦麦罗的胳膊。他知道这是个让麦麦罗原谅自己的最好时机，可麦麦罗依旧无动于衷，毛小逗眼一闭，心一横，准备豁出去了。

“你就看在股骨哥哥的面子上原谅我们嘛。”他也学着平时麦麦罗的样子把手搭在麦麦罗肩膀上，整个人以一副小鸟依人的模样呈现在大家面前。

“得了，你别恶心我了，我就看在股骨哥哥的面子上原谅你了。”麦麦罗实在是受不了了，他没想到平时一脸严肃的毛小逗也会这样。

“就是嘛，有什么大不了的，都是好朋友嘛。”大腿骨见有个说话的机会赶紧说了一句。他私底下“发短信”问头骨：你不是说他们很崇拜我的嘛，为什么从刚才来到现在我一直被无视呢？

“噢，对了，股骨哥哥，你是不是最结实的骨头呢？”麦麦罗好奇地问。

“这个嘛，这个嘛，自然是了。”大腿骨想了好久，斟酌了一下用词才开口，“在很久很久很久很久很久以前，人们还把我当武器使用呢。怎么样，不结实怎么敢这样？”

“那，很久很久很久很久很久以前到底是什么时候呢？”安千儿摇头晃脑地问。麦麦罗和毛小逗互相对视了一眼，脸上同时写着“我不认识她“五个大字。

“嗯，就是很久很久很久很久很久以前了。”大腿骨没想到这个小家伙的重点是在这个“很久很久很久以前”，他本来以为小家伙们会对武器感兴趣呢。

“啊，那到底是多久以前呢？”安千儿这样好奇只是因为每次奶奶给她讲故事总是说，“在很久很久很久很久很久以前……”她早就想知道“很久很久很久以前”到底是什么时候了。

“……”大腿骨果然无语了，他没想到会遇见个好奇心如此强烈的小家伙。

“股骨哥哥，你可以回答一下我吗？”安千儿还是锲而不舍地追问着，她根本没注意到除了她，其他人都黑着脸。

“这个说来话长，我们先说下一个问题，好不好？”股骨忍着没有发脾气。他捏紧拳头对自己说，不要凶小孩子，对小孩子绝对不能凶的。等再开口时，声音便温柔了许多。

“哦，好吧，那等一下你忙完了就告诉我好不好？”安千儿是真的想知道的。

“肯定好了。对了，股骨哥哥，你是不是轻轻拍我们一下，我们就……”毛小逗思索了一下，才开口，“是不是就死翘翘了。”

“哈哈，哈哈。”大腿骨忍不住笑了起来，“不用害怕，虽然我的表面看起来非常坚硬，但里面很柔软。嗯，也不是柔软，就是有点儿疏松。”

“啊，像你这么结实的大骨头怎么可能会疏松呢。”听到大腿骨说自己里面很疏松，毛小逗怎么也不相信。

“这个嘛，这个说起来就话长了。”大腿骨略一思索，准备给这些小家伙们好好上一节课。

“比‘很久很久很久以前’还长吗？”安千儿小声嘟囔着。

“嗯，我先来给你们说一下关于我们的一些事情吧。”大腿骨直接无视了安千儿小朋

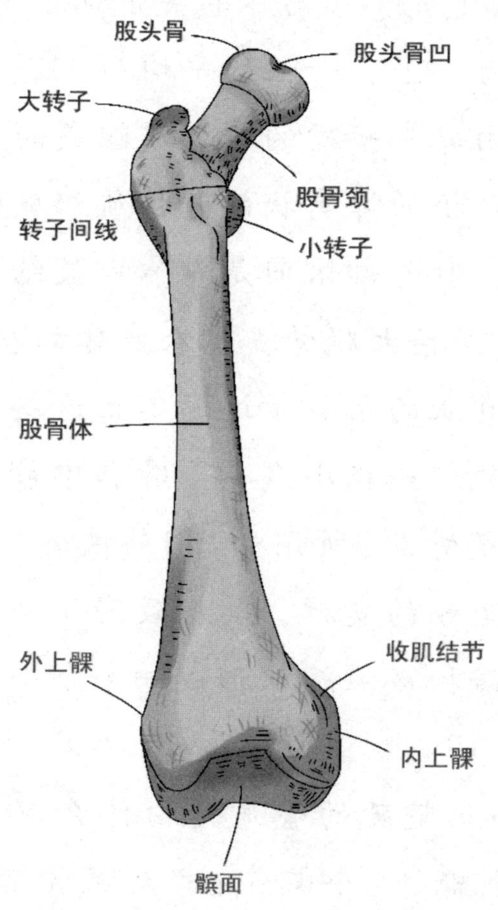

友,“股骨又叫大腿骨，是人体中最大的长管状骨,可分为一体两端。上端朝向内上方,其末端膨大呈球形,叫股骨头,与髋臼相关节。头的中央稍下方,有一小凹,叫股骨头凹,为股骨头韧带的附着处。头的外下方较细的部分称为股骨颈。颈与体的夹角称颈干角,男性的平均为 132°，女性的平均为 127°。股骨的表面是由非常坚硬的骨密质组成的，但是里面是由疏松的蜂窝状的骨松质组成的。虽然这样说，股骨却依旧是人体内最结实的骨头哦,左右两条大腿骨支撑人身体的整个重量,而且他真正的承载量远远不止这些，他甚至可以承载起一辆小汽车。骨骼中最坚硬的部分其实是骨质,所谓的‘钢筋铁骨’就是骨质对人体坚韧的支撑，其中致密而坚实的是骨密质，疏松成海绵状形成一个个小空隙的是骨松质。”

“如此坚硬的骨质是由什么成分组成的呢,这个嘛,这个嘛……”大腿骨卖关子道,

“其实配方是：水 50%，脂肪 15.75%，有机物（骨胶质等）12.4%，无机物（钙、镁、钠、磷等）21.85%。正是这些物质所构成的组织机构，才保证了骨骼有一定的坚硬度。”

“啊，原来是这样啊。”麦麦罗若有所思地看着毛小逗，“我觉得你就是那种不可貌相的人，猛地一看觉得你不怎么样，经过长时间接触后发现更不怎么样。”

毛小逗懒得搭理他，好奇地东看看西看看，生怕自己错过了什么好玩的东西。

“呜呜，呜呜，你们都是被赞颂的，只有我永远是吃力不讨好的命，这么辛苦却没听到一句夸赞。”在安千儿准备继续问那个“很久很久很久以前”的问题时，突然听到了一声声哭诉，她以为是自己听错了，有点不敢相信地看着毛小逗和麦麦罗。

第7章

默默无闻的大英雄——脚骨

“谁，谁在哭？”倒是麦麦罗反应很快。在听到麦麦罗的声音后，安千儿才确定刚才自己真真切切地听到了哭声。

“是啊，是谁在哭？”毛小逗也有些疑惑。

“股骨哥哥，是谁在哭啊？”安千儿问道。

“哎哟，脚骨们生气了。最近他们总是不放过任何一个诉苦的机会，我们都不敢搭腔呢。怕他们越说越伤心，唉。”股骨听到那个声音就知道是脚骨们，要知道脚骨们每天都要向自己哭诉一次，更何况现在三个小家伙在，他们肯定要狠狠地哭诉一次了。

“啊，是脚骨啊，我们去看看吧。”毛小逗听完股骨哥哥的话，觉得真应该去看看脚骨，便去拽麦麦罗。倒是安千儿扭捏着不肯走，看着毛小逗和麦麦罗不解的眼神，她终于开口：“股骨哥哥还没回答我的那个问题呢。”

“……”股骨听到安千儿小朋友那句话后，直接藏了起来，准备无视她。

“股骨哥哥？”许久没听到一点儿声音，安千儿不确定地喊了一声，“你还在吗？”

股骨闭着眼睛装作自己什么都没有听到，他实在没勇气站出来给那个好奇的小姑娘讲解什么是“很久很久很久以前”这个深奥的问题。

“股骨哥哥？”安千儿不死心地继续喊，“你出来回答我一下，好不好呢？”

麦麦罗实在看不下去了，直接插嘴道：

“我都怀疑你是怎么长这么大的，很久很久很久以前就是远到你想不到的年代呗，怪不得股骨哥哥不理你，我要是他我也不理你。”

安千儿可怜巴巴地看了毛小逗一眼：“毛小逗。”

毛小逗摆摆手，一本正经地回答她：“所谓的很久很久很久以前呢，其实就是很久很久很久以前。好了，我们现在出发，去看看脚骨。”

已经到了这个份儿上，安千儿实在不指望他们会回答自己这个问题了，就带着疑问和小伙伴们朝下面走去。

并没有走多久，小伙伴们就看到了密密麻麻聚集在一起的脚骨们。三个小伙伴还没来得及问候便听到了哭诉声：“哼，每次都被忽略，得到赞美的永远是他们，我们辛辛苦苦做了这么多，却没得到过一点点夸奖。”

毛小逗刚想说“夸奖不夸奖无所谓，做好本职工作很重要”，可是看着一个个哭得梨花带雨的脚骨们，那些话就被生生地咽下去了。

“更可气的是还经常听到有人说什么手比脚更有用，就因为我们是最底下的骨头，竟然要这样轻视我们。呜呜。”骨头越说越伤心，小伙伴们都不知道该怎么安慰。

倒是安千儿机灵，她赶紧开口：“是的，那些这样说的人根本没想过没有脚骨会怎么样。你们，你们不要哭了啦。”

“那你知道我们的重要性吗？”一直埋头痛哭的脚骨抬起头，可怜巴巴地望着三个小家伙。

“这个嘛。”麦麦罗看着身边的两个小伙伴都不开口，只好开口试图缓解一下现场的气氛，“其实吧，我当然知道你们很重要。”

“说的全是废话。”毛小逗有些不屑地说，然后转头一脸崇拜地看着脚骨们，“我们当然知道你们很重要了。”

“我们可是唯一够得着地的骨头哦。”这样说的时候，脚骨们语气里有着微微的成就

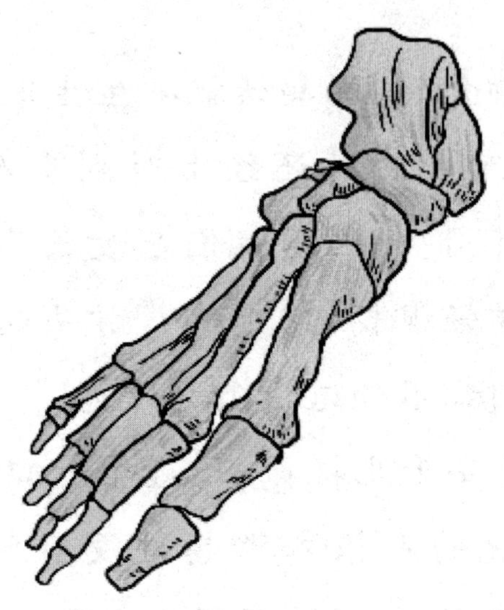

感,“别看你们见过了那么多的骨头，我们可真的是唯一可以够着地的。”或许是怕小家伙们不相信,脚骨又重复了一遍。

“知道。”毛小逗其实之前也不太懂,听脚骨们这么说,也只好打肿脸充胖子,一个劲地点头说“知道”。麦麦罗可是最了解毛小逗的人,他不免对毛小逗充满了鄙视。

“你知道什么啊,你知道你们的脚底为什么是凹进去的吗?”脚骨们丝毫不给小家伙们面子,他们可不相信这些小家伙们知道这

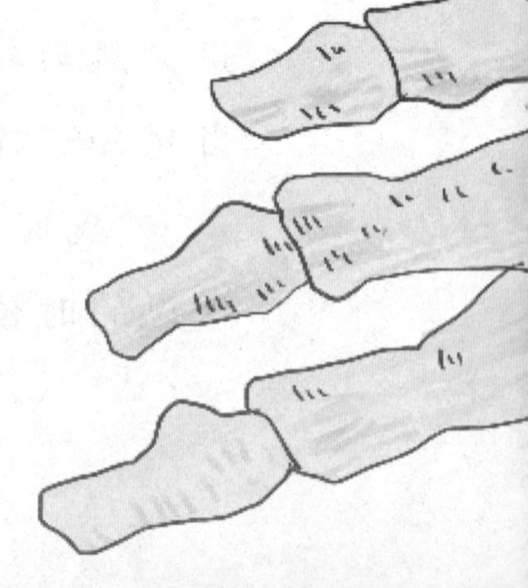

些问题。

果然，吭哧了大半天，毛小逗只好认输："这个，我真不知道。"

"让你刚才打肿脸充胖子，现在认栽了吧？"麦麦罗很兴奋，看毛小逗出丑可是他人生的第一大乐事啊。

"借机讽刺你的搭档更能

证明你是无耻的小人哦。”毛小逗不甘示弱地回了麦麦罗一句。

“你——”麦麦罗刚准备趁机踹毛小逗一脚的，没想到毛小逗早就看穿了他的诡计，跳到了一边。

跳到一边的毛小逗从容地看着麦麦罗：“君子动口不动手。我是君子，你嘛，你认为呢？”

“我动的是脚。”麦麦罗刚说完便忍不住笑了，“哎，我发现了脚骨的另一个用处。”

“什么用处啊？”安千儿好奇地问。

毛小逗绝对不相信麦麦罗会有什么正经的发现，所以并不搭理他。

“我是说真的。”麦麦罗嬉皮笑脸地说，“比如说踹人，这用得着脚骨了哦。”

“胡闹！”脚骨显然是生气了，他大声斥责着麦麦罗，“怎么能这样说我们，虽然踹人的时候的确需要我们……”

听着脚骨们喋喋不休的教导，麦麦罗用

求救的眼光看向毛小逗，毛小逗本来不准备理他，但是这种喋喋不休的教导，他自己也听不下去了。

毛小逗赶紧装作虚心的样子问："伟大的脚骨们，请问，脚底为什么是凹进去的呢？"

脚骨说道："你们没有仔细观察过脚骨，不知道这个问题很正常。这个说起来就有点话长了，归根结底是因为人们需要用两只脚走路。如果脚底不凹进去的话，走路的时候就会因为肌肉、神经、血管长期着地而感到特别疼。所以，脚底骨是向上突起排列的，这样才能使脚底凹进去，从而在人们走路的时候，不会因为上述原因而感到脚疼。你看，我们脚骨们是不是最伟大、最默默无闻的骨头？"

"谢谢伟大的脚骨们。"毛小逗听完后明白了，"以后我们一定会好好爱惜自己的脚的，一定会好好记着你们的功劳的。"

听到小家伙这样说，脚骨很开心，倒了那么多苦水，终于有人知道自己的重要性了。

第8章

人体回音谷——椎骨

人体回音谷——椎骨

毛小逗在书上看过，原来在人体的骨骼中，还存在一个响当当的地方——回音谷。

什么，回音谷？听起来好像是武侠小说里那些大侠们藏身修炼武功之地。经过毛小逗的讲解，麦麦罗和安千儿也不禁来了兴趣——回音谷，其实就是椎骨。

于是，三个小伙伴开始朝着人体的回音谷——椎骨进发了。

三个小家伙经过大腿骨和骨盆后，终于到达了回音谷——椎骨。

“你好，你好，你好，你好，你好，你好，你好……”面对着一大串的问候，三个小伙伴似乎有点明白了，为什么他被称为是人体的“回音谷”。

“哎，你猜，这个‘你好’，他们说了多少遍？”麦麦罗有些好奇地问毛小逗。

毛小逗摇摇头表示不知道：“应该有 20 遍吧。”

“果然是个好玩的地方哇。”安千儿忍不住喊了声，“你们好，你们的打招呼方式和你们的长相一样，好长好长好长好长好长哇。”

毛小逗和麦麦罗无语地看了看安千儿，觉得安千儿应该被留在回音谷里，她在这里肯定会玩得比较开心的。

“什么？什么？什么？什么？什么？……”

“说我们长？说我们长？说我们长？……”

三个小伙伴赶紧伸手捂耳朵：妈呀，这是

怎么回事啊，两句话说了这么久还没说完，还能听见骨头们的话，这就是回音？

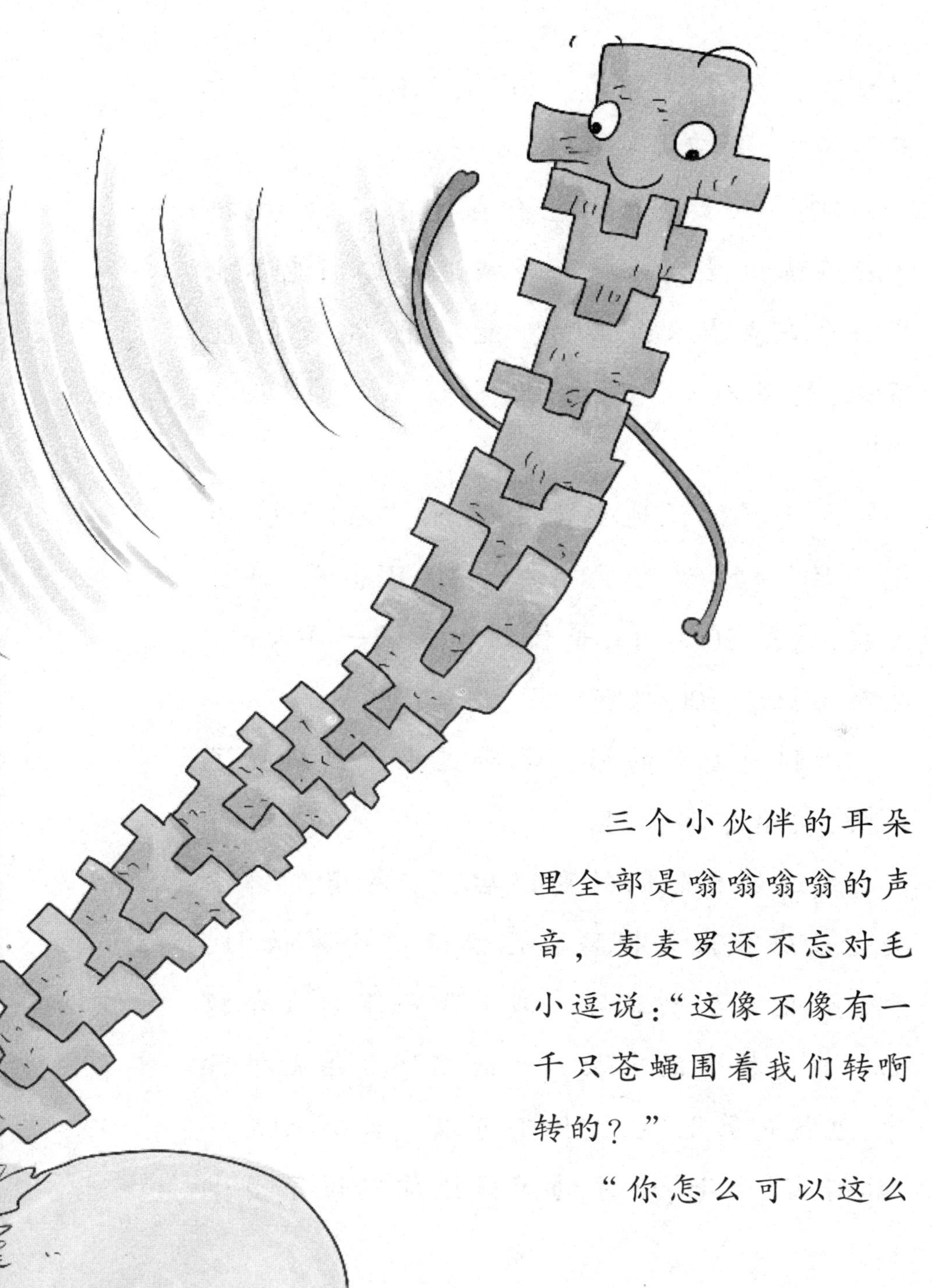

三个小伙伴的耳朵里全部是嗡嗡嗡嗡的声音，麦麦罗还不忘对毛小逗说："这像不像有一千只苍蝇围着我们转啊转的？"

"你怎么可以这么

说话呢？”毛小逗翻了个白眼，“这何止是一千只苍蝇啊，简直是一万只啊……”

“啊……”安千儿也有点受不了的，她把手放在嘴上呈喇叭状高声喊道，“你们能不能找一个代表出来说话啊？能不能，能不能，能不能，能不能？”安千儿连着说了四遍“能不能”。

麦麦罗低低地对毛小逗说：“看到没，她是5只苍蝇，长大了就会是10只苍蝇，再长大些，就是30只了，等长到和我妈一样大时，绝对不亚于100只啊。”

听到麦麦罗的话，毛小逗很严肃地点了点头，表示非常赞同。

经过好长时间的商议后，脊椎骨们终于决定让班长出来代替自己说话：“小家伙们，欢迎你们来到回音谷。我先做一下自我介绍吧，我是椎骨的班长。我的名字是第七根脖骨，也就是第七颈椎，你们可以喊我小七哦。”

“你好啊，小七，刚才的问候语你们说了多少遍啊？”安千儿比较关心这个问题。

“当然是26次了，因为我们椎骨呢，是由26块骨头组成的，每个人都问候一遍，可不是要26遍嘛。”小七很开心地为小家伙们讲解着。

“看吧，我说对了吧？最少20遍。”毛小逗低低地对麦麦罗说。

“那有什么了不起的，瞎猫碰上死耗子，蒙的呗。”麦麦罗时刻不忘打击毛小逗。他认为人太骄傲了是会失败的，为了避免自己的好搭档太骄傲，自己要时刻记得打击他。

“可是你知道这26块骨头分别叫什么名字吗？”麦麦罗认为只打击也不行，还要适当地问些简单的问题。这，这是个简单的问题吗？“这个啊，我肯定……”毛小逗顿了一下，看着把耳朵竖过来的麦麦罗说。“不知道啦。”

“不知道还用那么自信的语气？你不是在书上看过一点吗？啧啧，你没救了。”麦麦罗借机戏弄了一把毛小逗。

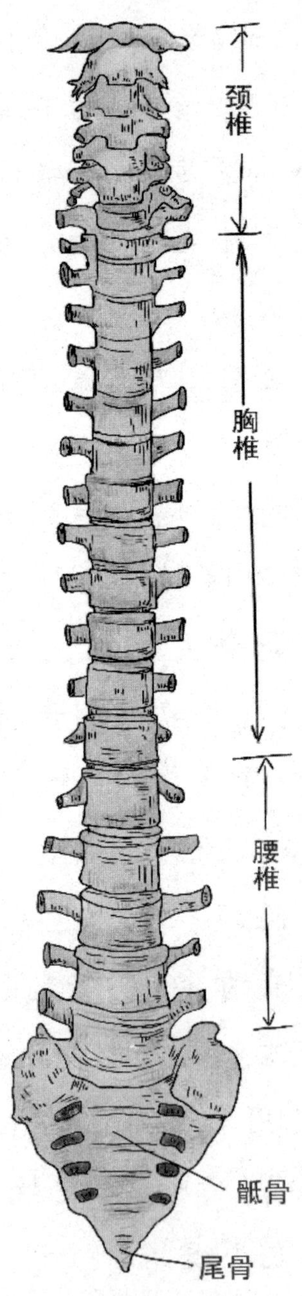
颈椎
胸椎
腰椎
骶骨
尾骨

“你们两个先别争论了。”安千儿打断两个人的对话，然后继续问小七，“小七啊，那这26块骨头都叫什么名字呢？”

“这个嘛，椎骨呢其实是由7块颈椎、12块胸椎、5块腰椎、1块骶骨、1块尾骨共26块组成。”小七没想到小家伙们会对这个感兴趣，便开始细细地为他们讲解。

麦麦罗觉得站着听讲太累了，便盘腿坐

了下来。

“连椎骨都不了解可不能说自己了解骨头的神秘世界啊。我们支撑着人体的躯干，保护与大脑连接的神经系统，也就是延髓，是非常非常非常重要的骨头哦。”小七看着小家伙很有兴致的样子，恨不得连生活琐事都统统灌输给小家伙们。

“就是，就是，就是，就是，就是……”26 块小骨头们忍不住插话了，都对小七的话表示赞同。

“小家伙，你看看，看看你的坐姿，像什么样子啊。”兴致来了的小七把目光移到了正盘腿坐在地上的麦麦罗身上，麦麦罗听他这么说愣了一下，不知道自己怎么了。

“你的坐姿不对，要把身子坐直啊。”小七语重心长地说。麦麦罗赶紧坐直了身子准备继续听小七的教导。

“就是因为有你这样坐姿不正确的孩子，我们才会更辛苦啊，椎骨一旦弯曲可是很可怕的事情哦，他会使你的个子很难再长高。后果很严重的。”小七一想到那个场景就觉得很可怕。

听到个子很难再长高时，小伙伴们吓了一大跳！安千儿有点不确定地问：“有那么吓人吗？”

“当然了，我还能骗你们不成？”小七听到小家伙们不相信赶紧又解释道，“你们可要好好听我的话哦，个子能长高是因为躯干、胳膊和腿的骨头都在生长。你们知道使躯干生长的骨头是什么吗？不知道吧？”

“是椎骨吗？”毛小逗有些不确定地问。

“就是椎骨。你要想长个儿，骨头必须要长，而要想让骨头变长，就需要很多钙。所以你们一定要多吃鱼，多喝牛奶还有豆奶，切记不能偏食哦。还有记着我刚才的话，正确的坐姿也很重要哦。”

“哇，这么重要啊。”麦麦罗这才想起来妈妈每次做鱼都让自己吃，原来是想让自己长高啊，那可不能辜负了妈妈的心意，以后一定要保持正确的坐姿。

第9章

人体的作战部队——肌肉系统

人体的作战部队——肌肉系统

①英勇的小战士——肌肉

三个小伙伴正在乐的时候，突然觉得身体开始晃动起来，周围还伴随着稀里哗啦的声音。晃动越来越厉害，三个小伙伴最终一个个摔到了地上，这里没什么支撑点，也没什么可以扶的东西，只能在地上滚来滚去。

咦，这是怎么回事呢？原来是大巨人克洛

奇睡了一觉醒来时感觉很饥饿，便向那边茂密的丛林中走去觅食。

克洛奇眯着眼睛看着在不远的山丘上的红透了的不知名的果子，决定去好好品尝一番。果子的诱惑力是极大的，克洛奇也不注意脚底下那些可能造成的阻碍，什么小土丘了、什么大石头了、什么乱七八糟的树枝了，他唯一的想法就是走到那座山丘上，摘了果子痛痛快快地大吃一顿。

他根本不知道因为他的运动给体内的三个小家伙带来了多大的麻烦。哎哟，克洛奇一不注意被什么东西绊住了，踉跄地前行了一步。

“啊，救，救我啊。”在克洛奇体内的麦麦罗已经在地上滚了好几圈了，丝毫没有能站起来的机会。

“怎么回事啊？哎哟，磕着我的头了。哎哟……”安千儿的情况并不比麦麦罗好多少，她也因为这突然而来的变故被迫在地上滚了好几圈。单单是这还不算，可怜的安千儿在滚动的途中还时不时地磕着碰着坚硬的骨头。

“对不起。”骨头们表示很抱歉，虽然骨头们很喜欢这三个小家伙，可是这场灾难他们也解决不了。

“怎，怎么了？”毛小逗和麦麦罗的状况基本上一样，已经打滚好几次了，他想抓住东西却又抓不住，只能朝骨头们喊着。

毛小逗很清楚，当务之急是弄明白这究竟是怎么回事。

“这个啊，可能是肌肉大哥们生气了。”有个好心的小骨头声音低低地说。

“肌肉大哥？”说话的时间毛小逗又在地上打了两个滚，还一不小心头磕在了骨头上。

里面的状况如此混乱，外面的大巨人克洛奇又是什么样子呢？原来克洛奇差点摔倒，幸好他及时抓住了旁边一棵非常非常大的树才站稳脚步。

站稳了的克洛奇看着近在眼前的野果

子，兴奋地用手开始乱抓，边抓边使劲往嘴里塞。他要吃得饱饱的，然后去睡觉。

克洛奇舞动着自己粗壮的大手臂企图把那些挂在树上的果子一并摘了吃到肚子里。也不知道过了多久，克洛奇终于停了下来，开始迈着笨重的步伐朝那边风景好的地方走去，准备好好地睡一觉。他寻觅果实不要紧，却不知道苦了那三个小家伙。

等克洛奇走到自己经常睡觉的地方躺下来时，里面的三个小家伙才慢慢地站稳了。也不知道在里面滚了多长时间，麦麦罗只觉得头真晕，抬头似乎还能看到小星星。他坐下来，用手掌撑在地上，随口说道："我突然想到了一个笑话。"

安千儿费力地爬起来，有点不解地望向麦麦罗："这个时候，你还能想到笑话啊。"

"那是当然了。"麦麦罗缓了一口气慢慢说道，"从前，有个小孩子叫毛小逗，他是个很好奇的人，他问他的好搭档麦麦罗怎么才能看到星星……"

"你可真够无聊的。"不等他说完，毛小逗已经猜出来了麦麦罗分明是借此机会损自己。

"然后呢？"倒是安千儿很有兴致听下去。

"然后麦麦罗就告诉他，'你在墙上使劲地撞就能看到小星星了'。哈哈，哈哈。"麦麦罗边说边笑，"然后就看到白天的星星了嘛。"

安千儿本来不大理解，但在看到毛小逗瞬间黑了的脸以及麦麦罗手舞足蹈的比划后，恍然大悟："哦，他看到的星星就像刚才我们，我们看到的一样？”安千儿低低地问麦麦罗。

“是啊，是啊，小千儿是越来越聪明了哦。”麦麦罗嬉笑着。

“小家伙们，你们没事吧？”突然冒出来的一个声音吓坏了三个小家伙。这是谁的声音啊，怎么听上去那么别扭、那么低沉，不像骨头们的清脆、响亮。

“你，你是谁？”小伙伴们吓了一大跳，条件反射似的从地上爬起来往后退了一步，试图找到这个声音的发源地。

“我啊，刚才骨头们没告诉你们吗？我——是——肌——肉。”这几个字不快不慢地被那个低沉的声音一个个说出来。

“肌肉？”麦麦罗很快便想到了一件事，他上前拽了一下毛小逗，“哼，是个坏家伙。”

“啊，你要干嘛？”毛小逗还没有说话，安千儿已经抢先问道。经过麦麦罗一提醒，她也想起来了，刚才骨头好像说了“是因为肌肉在生气”，那也就是说自己刚才在地上滚了那么久还磕磕碰碰的罪魁祸首就是他？

“你是肌肉？”在肌肉还没来得及回答安千儿的问题时，毛小逗又有些不确定地问。

“嗯，是啊，怎么了？”肌肉点了点头，突然他想到点头三个小家伙是看不到的，便开口道。

“坏人，哼。”毛小逗还想说什么却被麦麦罗抢先说了，麦麦罗边说边拽着小伙伴们往后退。他害怕这个坏人要是再发起脾气来会像刚才一样，那自己和小伙伴岂不是要遭殃了啊。

“我是坏人？”肌肉有些不确定地问，他第一次听人说自己是坏人，这些小家伙们太过分了。

“可不就是吗？”麦麦罗其实有些害怕，但却壮着胆子说，“要不是坏人，怎么会无缘无故就发脾气、生气？刚才还磕到我们了。”

“就是。”安千儿附和说。

毛小逗并没有说话，说实话他觉得肌肉应该不是坏人，如果是坏人的话，骨头怎么还称他为“肌肉大哥”呢。

“哦，原来是这样啊。”肌肉忍不住笑了，“如果说我是坏人的话，关节小弟也是坏人了。”

“什么，竟然还有个坏人？”胆小的安千儿直接缩在了毛小逗身后，“哎，那个坏人在哪里？”

“你们还是先弄明白我这个坏人再去想那个坏人在哪里吧。”肌肉说着笑了起来，他一笑果然带动了无数的伙伴也跟着晃动起来。

“别，你先停下来，有话好好说。”毛小逗想起了刚才突发状况前的场景，这个样子肌肉是要再次发脾气吗？那多可怕啊，于是赶紧开口说好话。

“小家伙们，其实我可不是坏人呢。”肌肉无奈地说。看来这三个小家伙对自己误会颇深，想要消除误会可要慢慢来了。

“谁信啊。”麦麦罗第一个不相信。

“就是。”安千儿觉得麦麦罗说得有道理，哪儿有好人会乱发脾气的。

“这个……你怎么不是坏人，倒是说来听听啊。”毛小逗略一思索，觉得看人不能一棒子打死，应该给人家一个辩解的机会啊。

“看吧，还是这个小家伙善解人意，你们两个小家伙啊，怎么能好坏不分，冤枉好人呢？”肌肉低沉的声音听起来很可怕，虽然他已经尽量使自己的语气听上去很和蔼可亲了。

“那个，你们说话都是这样的吗？”安千儿从毛小逗身后探出半个头，声音低低地问。

“啊，你是觉得我声音不好听啊。太打击人了。”肌肉们最终决定找个代表出来，当然是要找个声音听上去不这么吓人的代表出来，而这时候就要用到他们中被称为“未来流行音乐天王”的肱二头肌了。

“不好意思，吓到你们了吧？我是肌肉的代表，肱二头肌。”不愧是未来流行音乐的天王，声音听上去好多了，“嗯，刚才，刚才的确是因为我们晃动了骨头的世界。”

“看吧，看吧，承认了吧。”麦麦罗低低地对小伙伴们说。

“这个真的不能怪我们，我们也是被迫的。各家都有难处嘛，大家相互体谅一下好不好？”肱二头肌说这些的时候，格外诚恳。虽然刚才晃动骨头世界的是他们肌肉，可是他们从没想过要捉弄三个小家伙啊。

“那你说说到底是怎么回事？”毛小逗抢先问道。他相信肌肉们是无辜的，但很好奇肱二头肌口中说的“被迫”是怎么回事。

“先说说我吧。我其实是胳膊上的肌肉，因为我贴在骨头与骨头中间，所以我一旦蜷缩起来，关节就会跟着动，关节一动，骨头就要跟着动了。骨头动了，也就意味着身体能动了嘛。”肱二头肌真是个脾气好的骨头，他根本没有要责怪小家伙们无礼的意思，还费心地跟小家伙们讲知识。

肱二头肌边说边把胳膊弯起来又放回去，当然为了防止之前的事情再发生，他的动作幅度非常小。“如果没有我们，你们人可就像植物一样不能乱动了。刚才大巨人克洛奇要起来寻觅食物，当然需要走动了，走动的时候我们肌肉就得跟着动，然后关节、骨头都要

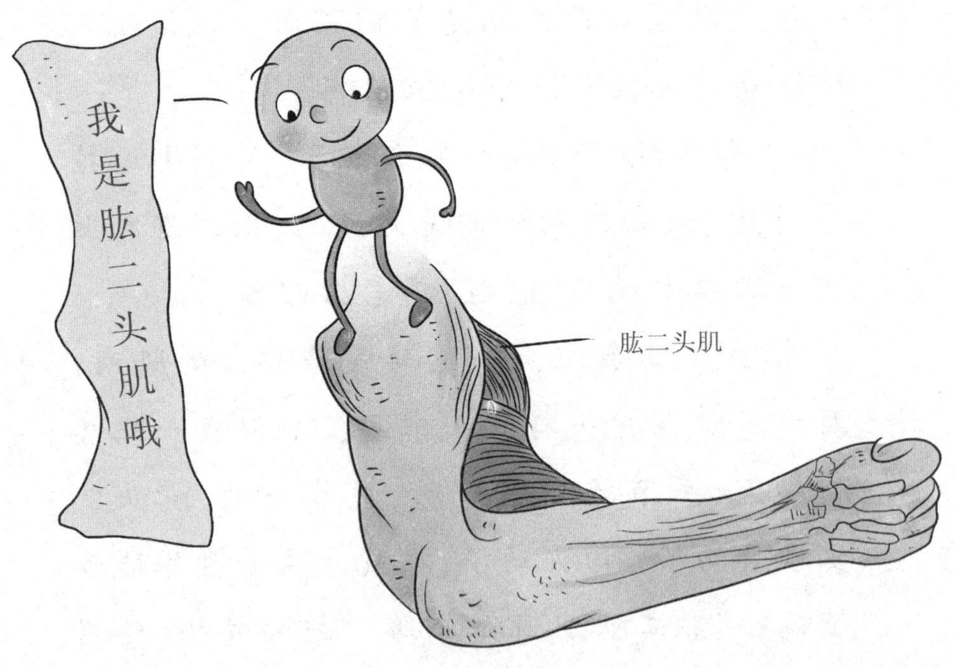

跟着动。所以说我们也是被迫的，这是我们的职责，丝毫没有要伤害你们的意思……”

“我打断一下，你们所有的肌肉都是贴在骨头中间的吗？”毛小逗忍不住插嘴问道，他怕再不提问，肱二头肌还要唠叨下去。

“这个嘛……”肱二头肌这才意识到，自己应该讲点小家伙们感兴趣的问题才对，“一般来说，肌肉都是贴在骨头与骨头中间的，但是有一种例外，那就是面部肌肉，他们是整个肌肉大家族里最特殊的一种了，因为他们一边贴着骨头，一边贴着皮肤。你们肯定想知道，这样有什么神奇的，对不对？让我来告诉你们吧。”

肱二头肌像是自言自语地接着说道：“最神奇的是，因为肌肉和皮肤粘连在一起，所以当肌肉收缩的时候，皮肤自然会跟着动了。这样就能做出皱眉或者微笑的表情了，而且还能睁眼和闭眼。别的肌肉因为不和皮肤接触，所以做不出这么多的表情。当然我们所有的肌肉都是由一个很秘密的总司令部支配的，关于这个总司令部呢，我们以后会跟大家细说。”

②主力部队——骨骼肌

“啊，是这样啊，好好玩啊。对了，那还有什么好玩的没有？”安千儿很开心地拍手道。

“是啊，没想到肌肉世界里还有这么好玩的啊。”麦麦罗也没想到。

“我们肌肉可是人体内的作战部队啊，是最最英勇的小战士呢。”肱二头肌很是自豪，他亲眼看着一开始对自己有着抵触情绪的小家伙转眼开始喜欢自己，觉得很开心。

“啊，作战部队啊，那有没有主力部队呢？”这个问题不只是毛小逗感到好奇，麦麦罗也很好奇。麦麦罗见毛小逗问出了自己感兴趣的话题，就好奇地竖起了耳朵。

“这个，当然有了。”肱二头肌忍不住笑

了，“这样吧，我先帮你们介绍一下，我们的主力部队呢，其实就是骨骼肌。”

“骨骼肌？”安千儿有点不解，“那个，你可以说清楚点吗？”

“当然可以了。”肱二头肌很友好地笑了，“我们呢被称为众所周知的臂部战士，实际上，人们看到的只是人体肌肉系统的主力部队——骨骼肌。除此之外，还有两支小部队，一支是内脏肌，另一支是心肌。这个我们以后再说啊，我先喝口水。”

说了大半天觉得有些口渴了的肱二头肌接过同伴递过来的水“咕咚、咕咚”喝了两口，然后继续为小家伙们讲解肌肉这个奇妙的世界里的主力部队“骨骼肌”。

“骨骼肌呢，就是从人的外观就可以看到的，并且人自己可以感受到的肌肉类型，比如说健美运动员展现出全身饱满强壮的肌肉时，那就是他的骨骼肌们在锻炼身体了……”

“你可不可以给我们详细说一下关于骨

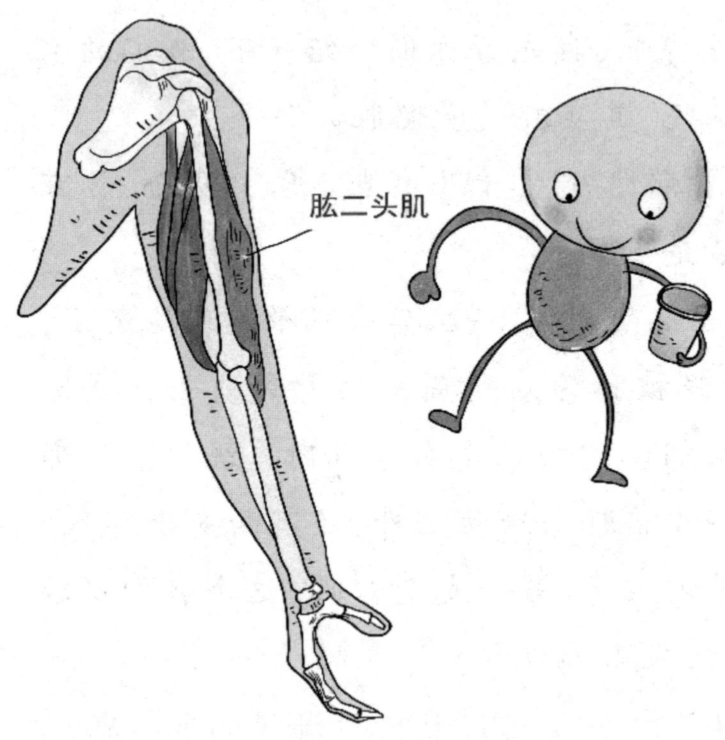

骼肌的构造呢？”毛小逗忍不住再次插嘴，他没想到一个骨骼肌竟然会有如此多的知识。

“是啊，是啊，具体点儿的，我也想知道。”麦麦罗也激动地说。自从他知道了骨骼肌是人体肌肉系统的主力部队后就更加好奇了。

“这个是自然啦。”肱二头肌顿了一顿说，“可是，这个要骨骼肌亲自向你们说了，毕竟最了解骨骼肌的就是他们自己了。”说完他便让自己的小伙伴把骨骼肌喊了出来。

“你们找我啊？”骨骼肌的声音听上去很威武，麦麦罗忍不住掐了掐毛小逗的手：太激动了，简直就是自己的偶像，多么好听、威风的声音！

“是啊，是啊，我们想知道你的具体构造。真没想到你的声音这么有磁性。”麦麦罗差点没骨气地喊“偶像”，但是又怕被毛小逗鄙视。

“是啊，是啊，好好听的声音哇。”安千儿忍不住双眼发亮，怎么会有这么好听的声音呢。

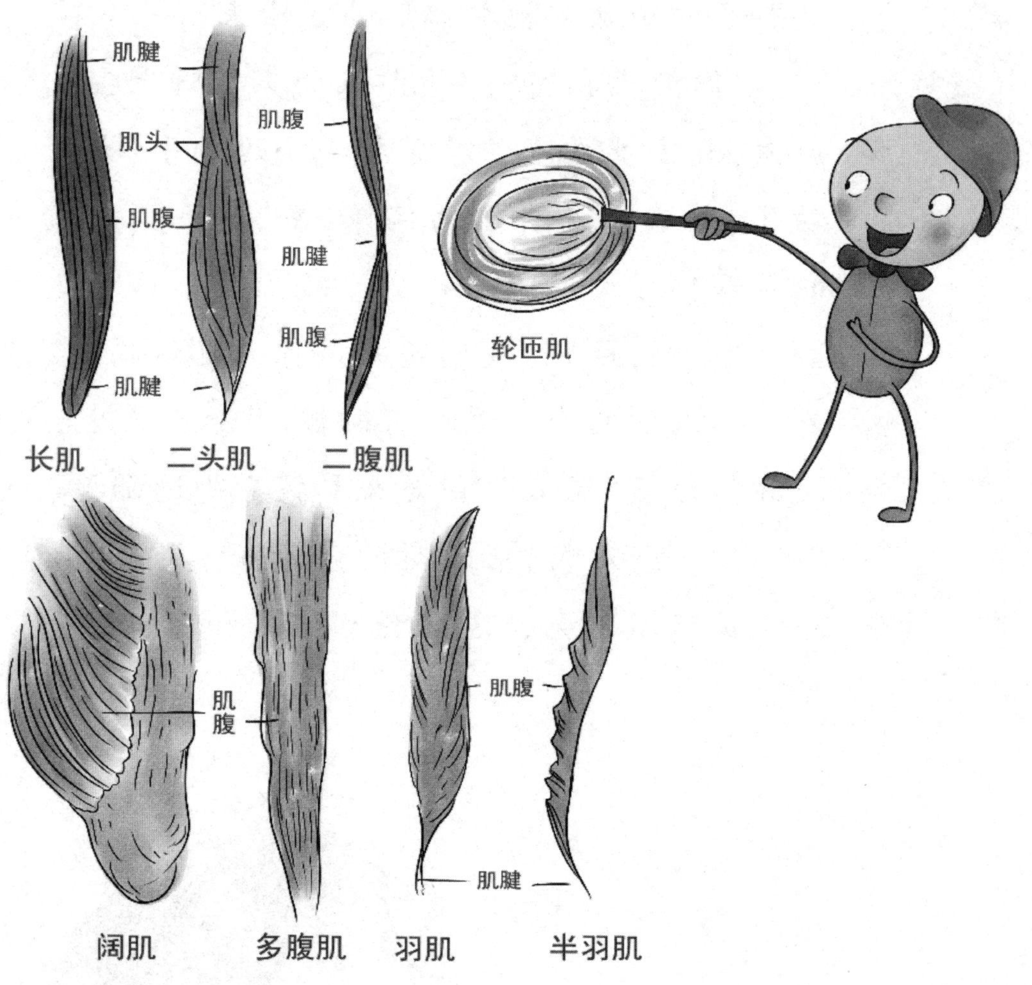

“你们两个，到底是想听骨骼肌的构造啊还是想听声音？”毛小逗看着身边的两个人不屑地别过了头。其实说真的，骨骼肌的声音真

的好好听。毛小逗在心底也偷偷夸奖过。

“呃，呃。”听到小家伙们如此夸奖自己，骨骼肌不好意思地红了脸，“说起骨骼肌的具体构造嘛……”骨骼肌清了清声音，“是这样的，骨骼肌又称横纹肌，是肌肉中的一种。人体有 600 多块骨骼肌。大多数骨骼肌借肌腱附着在骨骼上，分布于躯干和四肢的每块肌肉均由许多平行排列的骨骼肌纤维组成，他们的周围包裹着结缔组织。骨骼肌呢就像一条粗电缆，里面整齐地平行排列着很多很多成束的细电缆——肌束。这种电缆式的结构是骨骼肌最突出的特点。骨骼肌是人体内最具分量的一个组织，因为大多数骨骼肌借肌腱附着在骨骼上而得名，约占人体体重的40%。骨骼肌通过肌腱固定在骨骼上，带动骨和关节，使人能做出各种各样的姿势和动作。同时，骨骼肌个个身强力壮。但千万别把他们想象成是一模一样的整齐的小士兵，其实他们高矮胖瘦各不相同，各自具有各自的样子、结构和功能。值得一提的是骨骼肌的吃苦耐劳还离不开丰富的血管淋巴的‘供养’，正是因为有了他们的‘供养’才保证了骨骼肌的活性和营养。人体的肌肉就像一个个结实耐用的弹簧，会根据不同的信号来进行自身长度的调整——或收缩，或拉长。这可是个相当重要的特征，它能减轻外力对人体的冲击，同时使活动中的肌肉能够柔和地挤压静脉血管，促进血液的回流。当然，女生的肌肉是不如男生的发达的，这是因为，人类和地球上的其他生物一样，在长期的进化过程中，雄性和雌性的身体结构因分工不同而产生了差异。”

听完这些，三个小伙伴都不停地在自己的头脑里像过电影一样产生了这样那样的疑问：

如果没有肌肉，人类还能做什么？

也许什么也不能做。比如，用喉、口和舌的肌肉来说话，或是用手指的肌肉做动作；比如招手、摆手、拿东西、跳舞、奔跑、走路、骑车……都需要肌肉啊！

那么休息的时候呢，肌肉是不是就停止了运动？

没有。原来，肌肉里面有个小小的监控员，他时刻监控着人体的姿势和状态，保证有一小部分肌肉要勤勤恳恳地加班。所以，即便

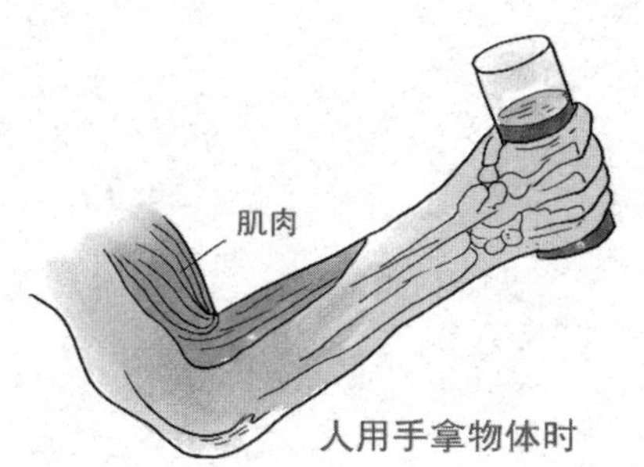

人用手拿物体时

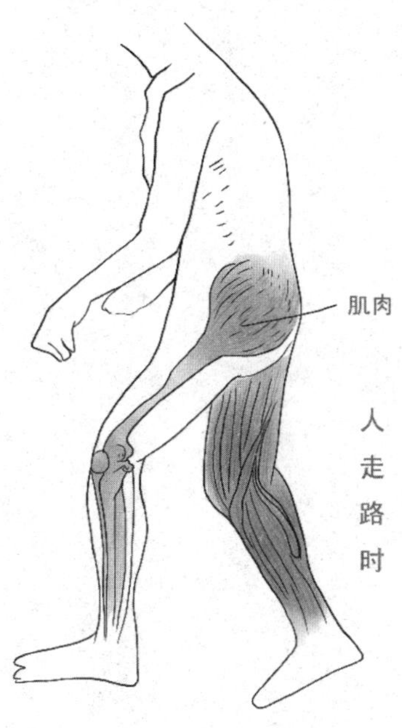

人走路时

是在人类休息的时候,肌肉也没有休息,他要派出很多的肌肉战士不辞劳苦地执勤，以保障人体的协调和平稳。

第10章

最关键的指挥家——关节

“那是不是只要有骨头和肌肉，人就可以做好多动作了呢？”毛小逗盯着自己的胳膊看了好久，然后问骨骼肌。

“这个啊，当然不是了。”骨骼肌笑了，“这里呢，我还要给你们介绍一个很重要的骑士——关节。”

“关节？”麦麦罗有点不解。

“是啊，关节。你们都知道机器人吧？”骨

骼肌想了想，觉得应该拿个小家伙们都知道的东西来讲解，看麦麦罗和毛小逗对主力部队的好奇就知道他们对机器人方面的知识很关心。

“嗯，知道啊，我爸爸还带我去看过呢。”毛小逗连连点头，他一向最喜欢这个了。

“当然知道啊，电视里面有好多呢。”麦麦罗边说边学机器人走路，还回头问，“你们看，是不是这样走路的？”

“是啊，是啊。”安千儿有点佩服麦麦罗了，她也加入了麦麦罗的行列。

“其实啊，人和机器人最大的不同之处就是人是有关节的。”骨骼肌觉得该是自己退场的时候了，他微笑着对小家伙们说，“现在就让关节哥哥带你们玩吧，听听他怎么介绍他自己，也是很好的哦。”

“咔嚓咔嚓”，这种声音有点微小，若不仔细听的话根本听不到，接着有个和善的声音传进了小伙伴们的耳朵里：“大家好，我是关

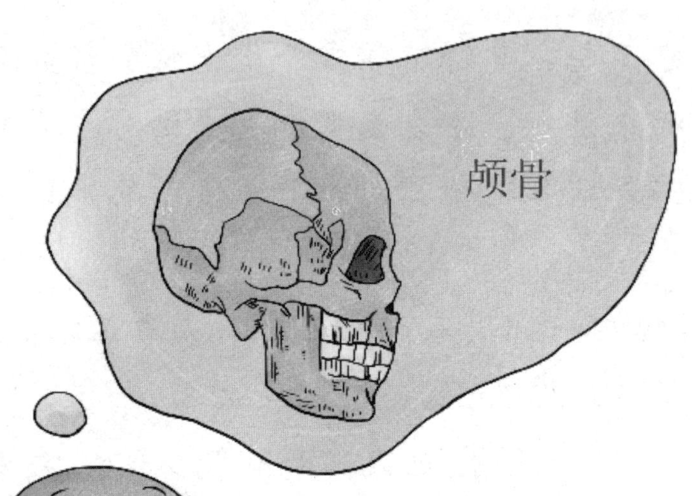

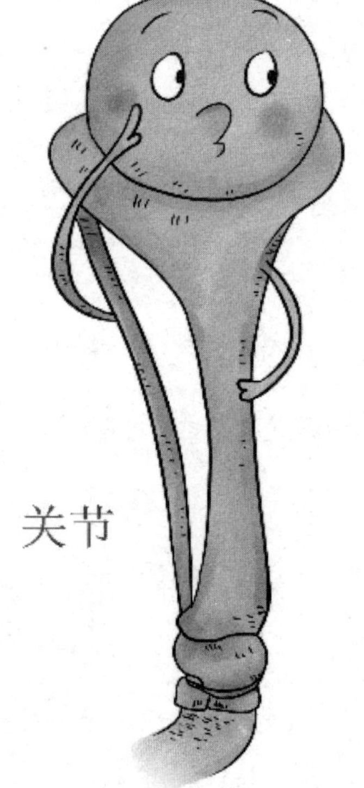

节哥哥，接下来呢，就是我的秀时间了。”

麦麦罗和安千儿忍不住开始鼓掌了。毛小逗不解地看着他们：“你们两个干什么啊？”

“我们啊，电视上不都是这样演的吗？有人上来这样说，观众当然要鼓掌了，鼓掌是对人家的鼓励和赞美嘛。”安

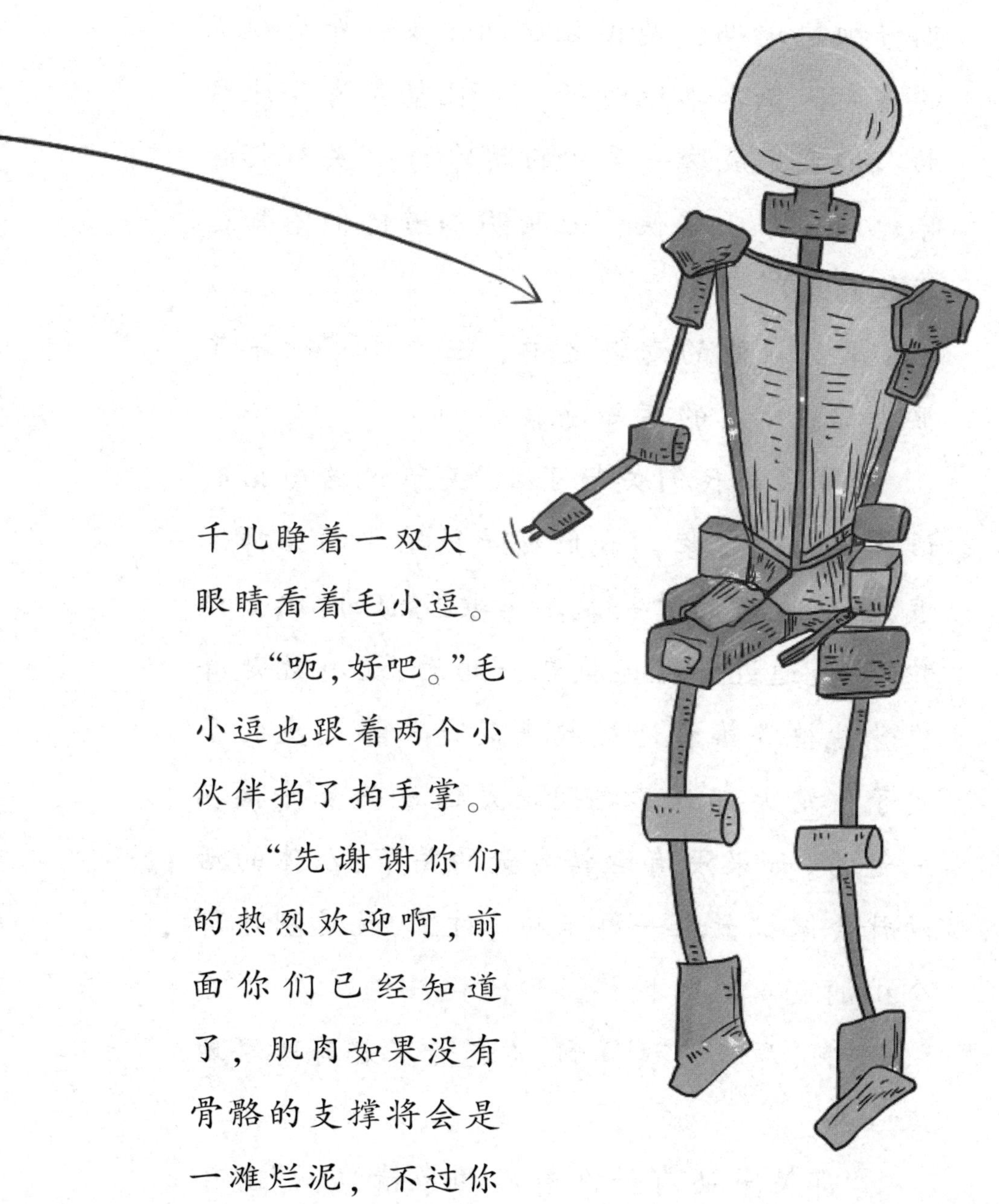

千儿睁着一双大眼睛看着毛小逗。

“呃，好吧。”毛小逗也跟着两个小伙伴拍了拍手掌。

“先谢谢你们的热烈欢迎啊，前面你们已经知道了，肌肉如果没有骨骼的支撑将会是一滩烂泥，不过你们仔细想过吗，是谁让这200多块骨头组成的庞大队伍乖乖地听话，并且整齐有序地帮助人们来完成这一系列的动作的？”关节笑眯眯地问三个小家伙，他明明知道他们不知道还故意这样问。

果然在他的意料之中，三个小家伙摇了摇头都表示真的不知道。

“当然是我们关节了。”关节说这句话时语气里满是自豪，“我们可是很重要的指挥家哦，当然也有的骨头是不需要我们的：比如颅骨，他是通过骨缝连接在一起的；还有就是脊椎骨，把脊椎骨连接起来的是叫椎间盘的小垫子。绝大部分骨之间还是通过关节连接在一起的。如果没有运转自如的关节，人体的活动就会像机器人一样呆板。对了，就是刚才那个小朋友走路的模样。”

“啊，原来是这样啊。”麦麦罗若有所思地点点头。

“那关节还有什么有趣的事情吗？”安千

儿更想知道这个问题的答案了。

关节看着这群好奇的小家伙，不禁“演讲欲”大发：“关节是差别生长，具有伸展力、剪切力、压缩力、扭转力的传输以及各种各样的运动所必需的结构，而关节在任一特定时间内的主要功能取决于关节所处的位置和个体的年龄大小。关节的分类体系各种各样，从简单的系统到较复杂的系统不等。人体关节的种类也多种多样，但其基本结构不外有关节面、关节囊和关节腔。关节的重要性在于，大部分骨头之间的连接依靠的就是关节，肌肉跨过关节，通过肌腱附着在两块不同的骨头上，收缩和放松就会引起肢体的屈曲和伸直，借着骨骼和关节的帮助，肌肉就能产生最大范围的活动。膝盖就是人体内最复杂的关节。”

“灵活自如的关节，是机器人永远缺失的环节。关节对人类非常重要，所以，要好好善待我们关节哦。”关节带着一种期待的眼神望着三个小家伙说道，“小家伙们，谢谢你们很认真地听我说了这么多，我需要休息了。再见！”

“再见。”三个小伙伴也挥了挥手，一起望着来时的路很是感慨，“没想到啊，走了一路，学到了这么多知识。”

麦麦罗靠在毛小逗身上有点不舍地说：“毛小逗，哎，我们是不是要去别的地方玩了？我舍不得骨头朋友们。”

安千儿也两眼泪汪汪地看着毛小逗：“我也好舍不得他们哦，一路上他们教会了我们好多东西，当然还有肌肉以及关节朋友们。”

毛小逗看了看身边的小伙伴忍不住笑了：“你们要知道，身体里到处都有骨头、肌肉，还有关节，有什么好伤心的，没准等一下我们还会见的哦。”

听毛小逗这样说，两个小伙伴这才来了精神。

麦麦罗一边学机器人走路一边回头望着

毛小逗："搭档，我为你跳支舞吧，就叫机器人之舞。"

"得了吧，就你那舞姿，我才不看呢。"毛小逗虽然这样说着还是盯着麦麦罗那个奇特的舞姿。

安千儿看着两个不停斗嘴的大男生忍不住笑了："你们的样子让我想到了肋骨哥哥们，你们都喜欢斗嘴呀。"边说边装模作样地摇了摇头。

"我是伟大的麦麦罗，我长大要当个伟大的生物学家，我先走了哦！"麦麦罗边说边朝前跑去，安千儿和毛小逗赶紧跟上去，可还是慢了一步。

"麦麦罗。"毛小逗大声喊道。这个搭档啊，从来都不让自己省心，哪次不是他跑丢了惹自己和安千儿担心啊，真不该管他。

"麦麦罗，你回来，小心……"安千儿的声音很快便被大巨人巨大的身体淹没。

"毛小逗，安千儿，救，救命啊。"当麦麦

罗的声音传来时，毛小逗和安千儿正焦急地四处寻找呢。几乎是同一时间，两个人同时听到“啊，嘭”的声音。

下册预告

麦麦罗究竟遇到了什么危险？毛小逗和安千儿能不能找到他并救他出来？他们又将踏上怎样的旅途呢？

敬请期待《人体科普童话》系列的第三册：《探秘恐怖的风暴源》。